JN081986

100歳で夢を叶える

Kimura Miyuki
木村美幸

晶文社

ブックデザイン　鳴田小夜子(KOGUMA OFFICE)

100歳で
夢を叶える
目次

プロローグ

大学を卒業して企業に就職し、約40年、私はこのほど長いサラリーマン生活に終止符を打った。

定年を迎える数年前から、「第二の人生」に向かって、どのような心持ちでどのような生活設計を立てていけばよいのか、にわかに不安になり、憂鬱になっていた。仕事も子育ても介護もひと通り経験したが、まだまだ働きたい、社会とかかわっていきたい自分がいる。人生100年時代を迎えた今、これから先の人生をどう過ごしていけばよいのか、正直私には迷いがあったのだ。

ここのところ、はるか昔の高校時代、大学時代の友人から連絡が入り、何と卒業以来45年ぶりの再会……なんてことも続いた。そういったときに決まって話題に出るのは、「これからどうするの?」という、お互いに探り合うような問い。彼らの口から出る言葉は、十人十色だった。

「ようやく自由になれる」「定年後は悠々自適に好き勝手したい」「ゴルフ三昧！」「海外旅行」「のんびり田舎に移住」……等々、長い会社勤めからの解放を喜ぶ声があがる一方で、「子どももまだ一人前じゃないし、できれば働きたい」「再就職できる口はあるのか不安」「体のあちこちが痛い」と、老後の不安を口にする仲間も大勢いた。

そう、60代を迎えた我々「中年～高年世代」は、まだまだ働く気力はあっても、体力がついてこない。考え方も古くなって、日々の凄まじいＩＴ環境の変化についていくのがやっと……という事実もある。老後の資金は十分なのか、誰もが懐疑的になっている。

そんななか、私はあるイベントで、詩人の谷川俊太郎先生とお仕事をさせていただいたときのことを、ふと思い出した。先生は、齢90歳にして、日本を代表する詩人として現在も活躍されている。いつもと変わらないパワフルでチャーミングなお人柄に感じ入っていた私は、イベントが終わり、別れ際についい、「先生、あと30年くらい生きていてくださいね」と口にしていた。すると先生は、「120歳になってしまうよ」と、満更でもないという顔で微笑まれたのだ。

そのときの笑顔を私は思い出した。谷川先生は、否定も肯定もされなかったけれど、その笑顔の奥に、私が探している答えのヒントが隠されているような気がした。――そうだ、谷川先生に会いに行ってみよう。

こうして、私の旅は始まった。

日本には、100歳を超える高齢者たちが9万人もいるという。この数は、なんと60年前までの600倍近くにもなるそうだ。本書は、90歳を超えてなお、日々を活き活きと過ごし、周囲に活力と元気を振りまく素敵な「生涯現役」の鉄人たちにお会いしたレポートである。

Tanikawa Shuntaro

僕が愛して止まないものは
「秘密」。それを自分の内部
でもち続けるのが大切。

谷川俊太郎

（詩人）

2022年8月19日　谷川先生ご自宅にて

谷川俊太郎先生とは、30年来のお付き合いをさせていただいている。前々回は、日本で最も古くからある保育絵本『キンダーブック』の90周年記念展（2017年開催）にあたり、昔の『キンダーブック』の記憶に関する取材で、前回は2021年に「絵本パラダイス」というイベントを行った際、オンラインでコラボレーションをさせていただくべく、その打ち合わせにご自宅を訪れていた。

そして今回、デビュー作『二十億光年の孤独』（初版1952年）と、私の最もお気に入りの『うつむく青年』（初版1989年）の二冊を携えて、杉並のご自宅に足を運んだ。

谷川先生はいつものように仕事場でお気に入りの椅子に腰かけて、微笑んでおられた。飄々と語られる一言一句を聞き逃すまいと身構える私の傍らで、終始にこやかなその存在の大きさを前にして、父のような祖父のような親しみやすさに感じ入りながら、あっという間に共通の時間が流れていった。
今まで何度もお目にかかっているのに一度もねだったことのないサインを、なぜか今日私は無性に欲しくなっていた。

（仕事場へ通されると、いきなりフィットネスバイクが目に入る。）

――さすが、健康に留意して今でも室内バイクを？

谷川：バイク？　いや、もうやらないよ。一応置いてあるだけ。
食事はね、今でも玄米レトルトを食べてる。朝は玄米フレーク、フルーツグラノーラ、そうそう牛乳はよく飲むね。以前は食べないほうが体にいいって感じで、一日一食だったけど、今は軽く三食食べてる。いい加減な三食だけどね。
加藤俊朗さんが東京にいたときは、週1回「呼吸法」を習っていたけど、彼が故郷の島に引っ越すと決めてからは、教わったことを自己流でやってる。年をとるとサボりがちだけど。

——いえいえどうして、Tシャツに短パン姿、筋肉質のおみ足でいらっしゃいます。どうしたらこんなに若々しい肉体でいられるのでしょう？

谷川：それは、DNAなんだろうね。父（哲学者・谷川徹三）は94歳まで、母は87歳まで生きていた。僕は二人からわりとよいDNAをもらったんじゃないかな。

父の死に方は見事だったよ。亡くなる前日までデパートへ知人の展覧会を観に行き、パーティーに出て、うちに帰ってきた。ちょっとお腹こわしてトイレに行ってから風呂に入り、おやすみを言って寝た。翌朝、起こしに行ったら、能面の翁みたいな顔で死んでたんだ。

彼は、エゴイストで母を苦しめたこともあったけど、死に方には感心した。僕も他人に迷惑をかけず、穏やかに、苦痛なく死にたいね。

——生前のお父様との思い出話、もっとお聞きしたいです。

谷川：彼が91歳のとき、スペイン・バルセロナのロマネスク美術館に行きたいと言うので、僕と父の親しい画廊の人とで同行したんだけど、向こうに着くなり、自分は美術館には行かないと言い出した。なんてわがままなんだろうって思ったんだけど、今、自分がその年になってみてわかった。長時間飛行機に乗って長旅で疲れたんだよ。もう少し理解して、やさしくしてやればよかった。

――私も思い当たります。いま93歳になる父に向かって、心無い言葉を浴びせてしまったことがあります。教師をしていた父は、『塔』という同人誌に長年投稿していたのですが、私は編集ができるので、元気なうちに短歌集をまとめてあげると何度も言っていました。なのに父は、きっと照れもあったのでしょう、何百何千も詠んでいた歌を私に渡すことはなかったのです。今となってはもう無理。そのことで私は父をずっととがめていました。結局、私の自己満足から出た言葉だったのかもしれません。

谷川：僕は一人っ子で、比較的人間関係が「薄い」ほうだと思う。自分にとっての「環境」は人間関係というよりは、対世界関係だった。10代の頃は「座標」と呼んでいたんだけど、宇宙を含めた自然の中に自分がいる、という感覚をもっていた。それで、「二十億光年の孤独」なんて意識が生まれていたんだよね。自分の感性というのは、そういうタイプのものになっていた。

小学校のとき、友達が肩を組んでくるのに抵抗があった。僕は、他人とは、一定の距離を保っていたいというタイプの人間なんです。ある程度までしか近づいてほしくないんだよね。そうしないと、付き合えないんだよ。今の子どもたちがスマホの中でしか会話できないなんてことを聞くけど、わかるような気がする。

イギリスの詩人ジョン・キーツが「デタッチメント」と言ってるんだけど、「アタッチメント」は、こだわる、くっつくみたいな意味で、逆の「デタッチメント」は、「距離を置く」という感覚。それが僕には必要。こだわりは少ないほうでいたい。デタッチメントはアタッチメントに比べて軽いよね。距離を取るんだから。それがいいんだ。他人との関係は、僕の場合、自然にデタッチメントになっちゃう。

近づきすぎるとよくない。僕は人間の間にいるより、自然の中にいるほうが安心なのかもしれない。座標が人間社会の中よりも、自然の時空の中にある、その視点で詩も書いてきたと思う。

——なるほど。発達心理学では、「アタッチメント」の大切さを説いていたりするのを目にしますね。母と子の間に形成される愛着が大事という……。

谷川先生は、「デタッチメント」を意識して詩を書いてこられたのですね。

谷川：そう。僕が小説じゃなく、詩を書いてきたのは、自分がデタッチメント、夏目漱石の言う「非人情」、だからかな？　人間の中に入っていってその関係を書くなんてことは到底できそうにない。

——おっと、待ってください。人間に対して無関心……？　というわけではないですよね。先生には、私生活では3人の奥様がいらしたのですから。

谷川：もちろん、人間に対して無関心なわけじゃない。自分と他人との関係で考えると、経験的に浮かんでくるのは、僕の場合は基本的に夫婦関係しかない。大学や会社などの組織に属したこともないし、仕事関係の人たちと深くかかわったりしたこともない。僕は、女性、恋人、妻を通して世界を見てきた気がするね。そこではデタッチメントじゃない、深いアタッチメントを経験している。

——はい、三度にわたる結婚、離婚、しかも岸田衿子さん、大久保知子さん、佐野洋子さんという、同性の私から見たら、才能の塊のような女性たちが先生を取り巻いておられた。なんという贅沢な、豪奢な、波乱万丈な、そしてミステリアスな人生なんでしょう。

谷川：恋人や妻とは、当然デタッチメントじゃ済まなかった（笑）。兄弟とか友達とかの人間関係がなかったから、「結婚」っていうのが一番大事な人間関係だったね。３人の妻だった人たちには心から感謝しています。ただ、結婚したら、妻子を食べさせなきゃいけないでしょ。若いときは、生活費を稼がなくてはならないので夢中だったね。

今でも、それは意識するんだよ。仕事がなくなったらどうしようとか。世の中から詩の依頼がなくなってしまったらどうしよう、ってね。今でも不安感が残ってる。

——谷川先生でも、ですか？　それなら世の人たちに、常にそうした意識に苛まれている人が大勢いるのは当たり前ですね。「生活する」ってそういうことですから。

谷川先生は、詩だけでなく、生活するために、様々な文学的なお仕事をたくさんこなして、立派に息子さんをお育てになった。

谷川：自分ではあまり年齢を意識することはなかったんだけど、息子の賢作が60歳、還暦を迎えたときは、感無量だった。娘の志野が中学卒業してすぐアメリカに行ったときも。よくぞここまで育ってくれた……という感じ。小さい頃の子育ては妻の知子さんに頼りっぱなしだったけど、その息子（ピアニスト・作曲家）と詩の朗読などを舞台でやってこられたのは、楽しい思い出だね。さすがに今、それはできなくなったけれど、オンライン上でなんでもできる時代だから。まあ、この部屋に息子が弾くピアノをもち込むわけにいかないもの。

――すごいなと感じたもうひとつ。パソコンなどの電子機器を自由自在に使いこなしていらっしゃる。この部屋にあるマックを使って、軽やかなタッチで原稿執筆しておられるシーンを何度も私は目撃しています。

谷川：僕は子どもの頃から字を書くのが苦手だったから、早くから原稿はワープロに頼ってきたの。その延長線上でパソコンを使ってきたので、ＹｏｕＴｕｂｅやら、ＳＮＳやらにあまり抵抗はないんです。ただ、ＹｏｕＴｕｂｅなどは、ずっと観てると疲れるね。検索の方法がよくわからないから、いろいろ無駄な画面を観てしまう。最近、視力が落ちているからもどかしい。

――ＩＴに関してはさすがです！　ある90歳オーバーの方とお話ししていたら、もっ

ぱらの課題がいかに若者たちと同じようにパソコンやスマホを使いこなせるようになるかという悩みをおもちで、さもありなんと感じたので、新鮮な驚きでした。

ひとつ、無粋な質問をしてよいですか？

これまでの詩作、作品のなかでピカ一を選ぶとしたら？　すみません。いつかお聞きしてみたかったのです。

谷川：うん、確かに無粋な質問だね。もちろん、選べない。僕はそもそも「一番好き」だの「一番いい」だのが嫌いなの。というか、その都度一番いいという作品を書いているつもりなので、みんないいんだよ（笑）。大体「一番」っていう発想が苦手。そうそう、あなたに頼まれた詩のコンクールみたいなのも、審査員を辞退したよね。そもそも詩なんてのは、良し悪しの基準がわからないじゃない。読者によって解釈も変わるし、受け止め方も変わる。それでいいんじゃない？

――そうですか。私は詩集『うつむく青年』の中の「生きる」が好きです。自分の人生と重ね合わせて都度、読んできました。

じゃあ、もうひとつ、こういう質問はどうでしょう。「無人島に本を一冊もっていくとしたら、何をもっていく？」

谷川：ははは、まだ突っ込むんだね～。うん、特定の本はもっていかない。僕は詩が書けるから、紙と筆記用具。自分の心の健康を守るために毎日何か書いてると思う。飽きないでしょうね。でもできれば、アイパッドをもっていきたいな。調べものもしなきゃならないからね。本を読みたくなったら、そのとき読みたいと思ったものを、ときにオーディブルを利用して声を聞いたり、ダウンロードしたりして何冊でも読めたらいいね。待てよ、無人島は、Ｗｉ-Ｆｉとか使えないから、困ったなあ。でもそのうち、世界中どこでもいつでも衛星を経由して受信できるようになるんじゃないかなあ（笑）。

――なるほど。ずっと命のある限り、詩作をし続けるというのは素敵です。

谷川：僕はね、若い頃、それほど本を読んでこなかった。ドストエフスキーやら夏目漱石やら、あまり読んでいない。そういうのをこの歳になってじっくり読んでみるのもいいだろうな。近頃の小説、あまり面白いと思わないから……。

――現代詩はどうなのでしょう。谷川先生が第一人者だと私は信じてしまっていますが。

谷川：そうなの？　ほかの人の詩もあまり読まないね。本当は、僕なんかがクローズアップされるのではなくて、もっと若手の優秀な詩人たちが、小説家に負けずに詩を書くようになってほしいと思うよ。

僕の詩が世に出たきっかけは、師匠にあたる三好達治。学校嫌いの僕がノートに書き留めていた詩を、父が、三好さんに見せたところから始まった。

――はい、そして、彼が先生の詩を読んでそのみずみずしい感性に驚き、『文學界』にもち込み推薦した。三好達治氏を心から感動させた詩の数々がそこにあったのでしたね。「ネロ」「地球があんまり荒れる日には」、そして「二十億光年の孤独」。詩壇への

華々しいデビューを飾られました。

絶対的な孤独感、一人ぼっちの谷川少年が一対一で宇宙と向き合った青春の詩が私は大好きです。いま、手元の一編の詩「二十億光年の孤独」を前にして、ここから始まりここに戻って行かれるのでは……などと夢想してしまいました。人間はたった一人で生まれて一人で死んでいくということに気づいたとき、一気に宇宙が近づいてくる、という寸評を思い出しました。

谷川：近代詩を今一度読み返したいね。三好達治、全くタイプの異なる金子光晴、生まれも育ちも違う宮沢賢治、彼らの作品をもう一度じっくり味わってみたい。

そうそう、石原慎太郎が、亡くなる少し前に僕に電話をかけてきて、会いたいと言う。彼はその頃、いろいろな人と話をしておきたかったのだと思うけど、僕に連絡があって、一緒に酒を飲み、飯を食った。そんな気持ちになってくれたのだろうな。

彼は、早くから僕の詩を認めていて、文章も書いてくれた。僕が彼の小説のあとがきを書いたり、締め切りに間に合わない彼の代わりに短編を書いたり、お互いに刺激し合っていた時期があったね。思想や行動は違っても僕は彼の人となりが好きだった。

――今、生きておられたら酒を酌み交わしたい、という方ですね。これから、行きたいところ、したいことなどはありますか?

谷川：娘の住んでいるニューヨークや、それからパリに住んでみたいと思ったことはあったねえ。魅力的じゃないですか、歴史が残っていて。若いとき、仕事が立て込んで、注文に応えるのがいやになって、そんなとき、東京でないところに住もうと考えて、信州の浅間山の麓に友人の設計で家を建てたこともあった。

これからも毎日好きな音楽を聴いて何か書いていたいね。

僕が最初に音楽で感動したのは、ドイツで勉強した信時潔が作曲した「海ゆかば」だった。これは戦時中負け戦のとき、ラジオのニュースの前に流れる曲。

勝ち戦のときは「軍艦マーチ」。「海ゆかば」のハーモニーに惹かれたんだよね。そして10代になってからは、ベートーベン。年をとってからは、バッハやヘンデル、ハイドンが好きになった。ハイドンの音楽には、ハイドンはいなくて音楽だけがある感じ。僕も詩を書くとき、なるべく僕自身を消して、詠み人知らずのようにして書きたい人だから。年をとって益々その傾向が強くなっています。

最近いわゆるコロナ禍で気づいたことがある。めっきり外に出なくなったから、一人っ子で独居も苦にならない自分が「他人が必要」「一人だと手応えがない」と感じるようになってるんです。

ただ、死ぬこと、それは怖くないね。死は生から解放されることでもあるし、生の自然な帰結でもあるわけだから。

——最後に、谷川先生の愛して止まないもの、教えてください。

谷川：「秘密」。愛して止まないほど単純ではないけど。

河合隼雄さんに教わったの。人間は秘密があったほうがいいってこと。人に言えないようなものをもっていないとだめだって言われた。僕が愛して止まないものはほかにもあるけど、それを人に明かさず自分の内部でもち続けるのが大切なんじゃないかな。

いま、私の手元にある詩集『うつむく青年』は、ずしりと重い。見返しには、「俊」のサイン。鮮やかな時代の残像、谷川先生の原風景があると感じられるこの一冊の詩集は、私にとって特別な宝物になった。私はこれからもこの詩集を何度も開き、励まされることだろう。

谷川俊太郎（たにかわ　しゅんたろう）／1931（昭和6）年12月15日、東京生まれ。詩人。1952年に第一詩集『二十億光年の孤独』を刊行。1962年「月火水木金土日の歌」で第4回日本レコード大賞作詩賞、1975年『マザー・グースのうた』で日本翻訳文化賞、1982年『日々の地図』で第34回読売文学賞、1993年『世間知ラズ』で第1回萩原朔太郎賞、2010年『トロムソコラージュ』で第1回鮎川信夫賞など、受賞・著書多数。詩作のほか、絵本、エッセイ、翻訳、脚本、作詞など幅広く作品を発表している。

Michiba Rokusaburo

僕の料理は「遊びと反逆」。
そのときそのときでひらめ
いたものを形にしていくの
で、どんどん進化していく。

道場六三郎

（和食料理人）

2022年9月21日　銀座ろくさん亭にて

14時半。銀座6丁目ろくさん亭は、未だにランチの客で賑わっている。銀座のど真ん中で、開業50年。和食の店ろくさん亭の個室にて、和食の鉄人、道場六三郎さんと向かい合った。

「あちらのテーブルにいるのは往年の女優O・Mさんだよ」

連日、ろくさんの店へ昼食を食べに通い詰めているらしい。こうした根強いファンに支えられて幸せだと、開口一番、ろくさんは言う。

道場六三郎さん、6人きょうだいの末っ子の三男坊なので「六三郎」と名づけられた。生まれ育ったのは、石川県山中温泉。きょうだいのなかで、一番長生きだとか。

91歳にして、現役バリバリのろくさんの健康の秘訣を聞いてみた。

道場：僕の健康の秘訣はね、よく歩くこと。一日平均4000〜5000歩は、歩いている。趣味のゴルフを水曜・土曜の週2回はやっているので、そのときは1万歩以上歩くから、相当足腰は鍛えられているよ。

ゴルフは28歳から始めて63年間、1万回以上ラウンドしている。1915年生まれのプロゴルファー・中村寅吉氏の影響を受けて始めたんだよ。中村プロは、樋口久子や青木功等に影響を与えた名プレイヤー。パターの練習を死ぬほどやって、ストイックなゴルファーだったんだ。

僕はこの年になって、エージシュート（自分の年齢と同じもしくは年齢以下のスコアで18ホールを回ること）が8回程あるんだよ。ゴルフは、ハンディをつければ、若い人たちと対等にやれるでしょ。そこがいいんだ。ゴルフは奥が深くて、何年やっても完成することがない。まだまだスイングにも迷いがあるしね。最近は飛距離が伸びなくなったけど、それなりのゴルフをしているよ。

――なるほど。ゴルフは相当の腕前なんですね。おっしゃる通り、スポーツは、一にも二にも練習。年をとっても長くできるスポーツだからこそ、練習を欠かさず、チャレンジしたいものです。

さて、料理の話にシフトしましょう。ろくさんにとって、料理を作るうえで、最も大切にしていることは？

道場：それは、ズバリ「思いやりの心」。食べてくれる人が真に「うまい！」と言ってくれるものを作ること。僕は、常に新しいオリジナルのものを作る努力をしているよ。

他人のやったものはやりたくない。オリジナリティが最も大事。いくつになっても、新作を考え続けていることが大事だと思う。

そして、大切なのは「きれいに早く！」、これが僕の信条。そのためには極力無駄を省いて、リズミカルに作業をしていく。そうそう、時短のために高圧釜を使用する。それから料理を作るときは、常に三手先、四手先を考えるようにしているよ。まな板、包丁、鍋類など、使った道具は都度洗う、洗ったらふいて元ある所に戻す、というのを励行している。若い人たちにも「常に包丁は研いでおけ」と言っているよ。

――「思いやりの心」で料理を作るということは、たとえば、シニア向けの料理なら、食べる側の事情を鑑みて作るということですか？

道場：そう、もちろん。柔らかく、小さく、箸で一口で食べられるようにするとかね。料理はまさに思いやりだからね。食べてくれる人の年齢や好みに合わせて、ちょっと気を使って食べやすさを考えた切り方や調理法、適切なサイズにする「やさしい料理」を心がけているよ。新しい料理を考案するのは、ひとえに「発想力」。たとえば、冷蔵庫のあまりもので何か作ろうとしたとき、この発想力が効いてくる。何をどう料理すれば、おいしく食べられるかを常日頃から考えるようにしているよ。

――和食は料理そのものの味も然りですが、見た目もとても美しく、繊細なイメージがあります。よくお祝い膳などは、鶴亀をあしらって、美しく盛られていますよね。

私は、25年ほど前に、「シリーズ食を読む」という食エッセイを編集担当していたことがあります。太田愛人さんや服部幸應さん、林静一さん、みなみらんぼうさん等に大地の滋味、旬の恵み、収穫の喜び、食を通じた家族の思い出、味覚の魅力等々を取材し、「食」の達人たちと交流をもたせていただきました。

道場：なるほど。「食」を通して思い出すことはたくさんあるよ。僕は、石川県加賀市に生まれ、17歳のときから近所の魚屋さんで働き始めたんだ。19歳の春に上京し、銀座の割烹料理屋や神戸のホテル、そして赤坂の料亭で腕を振るった。修業、修業、修業の日々……。常に食べてくれる人を慮って、うまいものを食べて喜んでもらおうとしていたよ。ずっと続けさえすれば、いつか一流になれると思っていたからね。

料理人一筋72年、「食」はイコール僕の人生そのものだからね。昨日より今日、今日より明日、一歩一歩前進しようとしてきたから。

――苦難の道があったのでしょうね。ろくさんには、「食一筋のダンディズム」を感じます。和食には和食の独特の「美」を感じますね。そのあたりはいかがでしょう？

道場：僕はね、あまりこねくり回して料理を装飾するのは好きじゃないんだ。包丁でうまく鶴亀が作れることが偉いんじゃない。ひと手間をかけるより、早く効率的に、うまいものを作って提供すべきだと思う。「早くうまく」だよ。経営的にも、なるべく人件費も経費もかけずに、原価率も抑えてうまいものを作ることを優先させたいね。

――まさに、ろくさんは、優れた料理人であると同時に優れた経営者でもあったというわけですね。とは言っても、人生90余年、経営的にご苦労されたこともあったとか。

道場：惣菜店を開いて経営難に陥ったこともあったよ。その後も苦労して修業を重ねて、40歳のとき、念願の自分の店「銀座ろくさん亭」を開くことができた。失敗して痛い目にもあったけれど、ずっと仕事には一生懸命だったと思う。陰で支えてくれたのは、よくできた女房だった。彼女は7年前に亡くなってしまったけれど、今でも愛おしく忘れられない存在だね。

そして、60歳を過ぎて、例の『料理の鉄人』というテレビ番組に出るように服部幸應さん、岸朝子さんに誘われて、「半年間ならいいよ」という条件つきで出場したんだ。図らずも好成績をおさめて、人気が出て、その後も長くお世話になることになっちゃったね。キッチンスタジアム……、懐かしいよ。とにかく「無心に、無心に」を心がけてた。あの番組のおかげで、ずいぶん経営的にも楽になった。

――はい、今でも語り継がれている、平均視聴率14%以上を誇る料理対決番組でした。そこでろくさんは、毎回奇抜な発想で美味で斬新な料理を披露し、名だたるシェフたちを次々と負かしていき、あっという間に、お茶の間の人気者になっていきましたね。あれは、日本料理の革命ともいうべき光景でした。

さて、これからも平常心で料理を作り、ゴルフをエンジョイして、豊かな日々を送られていくと思いますが、長生きするにはどんなことを心がければよいか、お聞かせ願えますか?

道場:僕は、「喜びを拾う名人」と呼ばれているんだけど、最近は、すべてに感謝、人に対してゆるすことが大切だと思っている。目標をもつというよりは、「今日一日」という思いで生きているよ。今度生まれ変わっても「料理人」がいい。これからも自分の食べたいものを人にも食べさせたいね。

——そう言えば、90歳目前でYouTubeチャンネルを立ち上げられましたね。題して「鉄人の台所」。今や17万人の登録者が楽しんでいます。かく言う私もすっかりファンになりました。特に冷蔵庫の隅っこに残ってしまった野菜でソースを作ったり、余りもので魔法のように家庭料理ができたりすることに驚かされています。時短、節約で、家計にやさしい料理を紹介してくれていて大助かり。ふりかけじょうゆ、マヨおろしなど、絶品ですね。

道場：まさかこの年でユーチューバーになるとは思ってなかったけどね。アイデアはね、夜寝ていてベッドの中でひらめくんだよ。そう、提供するのは、究極の時短アイデア家庭料理。大根おろしとマヨネーズと諸々の調味料をチャチャっと混ぜるだけで、超簡単な料理「マヨおろし」ができてしまうんだ。さっぱりしていて、何にでも合うよ。マヨネーズとポン酢、コショウを混ぜ合わせて作る「マヨポン」も絶品。塩もみした白菜と和えると、たちまち「白菜マヨポン」のできあがり。

料理には、あれだめこれだめっていうのがない。自由な発想で作る手軽でおいしい家庭料理は、料理の原点だと思っているんだ。

僕の料理は「遊びと反逆」。そのときそのときでひらめいたものを形にしていくので、どんどん進化していくんだよね。この年になっても、新しい発見があるってことが幸せ。それが生きがいになっているよ。

――はい、私は、鰹節としょうゆを混ぜて絞ってレンジでチンしたふりかけじょうゆを使ったおにぎりに感動しました。実にお手軽、そして美味。そのおにぎりもかなり小さめに作って白いお皿にたたき梅を載せ、拍子木切りした大根を添えると、一流料亭での一品であるかのよう。まさに魔法ですね。ほかにも、みそジャムやら若草ふりかけやら玉ねぎバターやら、素材の特性を存分に活かした料理が満載です。

道場：そうだね、旬の野菜をふんだんに使った料理もYouTubeで紹介しているよ。また、簡単でおいしく料理を作るには、出汁がいのち。これも出汁の基本から教えているので、ぜひやってみてください。特に料理ごとに、出汁に対するみりん、しょうゆの割合が何対何という配合が大切で、出汁はおいしさを生み出す基本なんだよ。あとは素材と合わせるだけで、ぐっと料理の幅が広がるよ。

家庭料理は、家族みんなの健康を守り、幸せにする大もとではないかな？

――なるほど。ありがとうございました。いつまでも調理場に立って、ろくさんの味を待ち望んでいる人たちにおいしい料理を提供し続けてくださいね。

今夜は、冷蔵庫に余っている白菜としいたけ、冷凍してある豚バラ肉を使って、簡単豚ちりでも作ろうかな？　おっと、これも「鉄人の台所」で知った超簡単料理……。

道場六三郎（みちば ろくさぶろう）／1931（昭和6）年1月3日、石川県山中温泉生まれ。1948年、知り合いの魚屋で初めて包丁を握ったのを機に料理人を志し、銀座「くろかべ」、神戸「六甲花壇」、金沢「白雲楼」、赤坂「赤坂常盤家」で修業を重ねる。1971年「銀座ろくさん亭」を開店。1993年にはフジテレビの伝説的料理番組『料理の鉄人』に出演し、初代「和の鉄人」として人気を博す。2005年に厚生労働省より卓越技能章「現代の名工」受章、2006年園遊会に招かれ、2007年旭日小綬章受章（勲四等）。2023年、松戸に新店「懐食みちば」をオープン。YouTube「鉄人の台所」（@tetsujin-no-daidokoro）ではひらめきの家庭料理を披露し、17万人以上のフォロワーを楽しませている。

Higuchi Keiko

それぞれ違う老いがある。
まさに「老いこそ個性的」。
みんなそれぞれ、できる部
分で付き合っていかねば。

樋口恵子

（評論家）

2022年10月6日　樋口先生ご自宅にて

樋口先生のご自宅のリビングに通された。先生の愛猫ジャスティ（通称オジャコ）が迎え入れてくれる。取材中もオジャコは自由気ままに歩き回り、時折、先生にたしなめられたりしている。

樋口恵子先生――評論家、社会運動家でもある論客。常に弱者の立場に立って、男女平等、高齢者や子どもの人権について向き合ってこられた。今から約40年前、私の前職の出版社にて、「共働きは非行の温床になるか?」という問題提起をされた本を出され、当時、その評論が話題を呼んだことを昨日のことのように思い出す。

女性戦士のような勇ましい生き様をしてこられた先生の口から飛び出す「私はいまヨタヘロ期だから」という言葉が、とても楽しく聞こえる。

樋口：ようこそ。気がついたら90歳になっちゃってました。

昨日も一日検査で病院だったけれど、今の私の心境としてはね、ヨタヨタヘロヘロしながら、いつとも知れず長生きしちゃったらどうしよう、という状況なわけです。

この4月（89歳11か月）に左胸の乳がんの手術をしました。公的病院の名医の方に昨年6月に診ていただいたら、がんだということで、手術をしようということになったのです。

90歳を目前にして、がんで死ぬわけにはいかない、と心を決めて手術することにしたんだけれど、さすがにやっぱりがんか……って、ちょっとうろたえました。死にたくなかったのね。

まさか90歳になってから全身麻酔をして手術をするようになるとは思わなかったですね。まわりの人は、90歳になってから全身麻酔の手術に耐えられるのか、ということに関心があったようですよ。

「腹も身の内」ならぬ「九十でも乳も身の内、気をつけよ」ですよ（笑）。まあいずれにせよ、がんで死ぬのはいやなので、心身共に痛い思いもあんまりなくて、摘出して元気になれたのはよかった。いくつになっても定期健診は大切！

歯も未だにほとんど自分の歯だし、ほかは今のところ健康だわね。

――趣味や、日常で意識して行っていることはありますか？

樋口：以前は、趣味と言えば文化系のオペラや音楽鑑賞などが中心でしたが、年とともにパーソナルトレーニングなどの運動系にお金を使っています。運動器（手足のこと）は命を乗せて運ぶ器ですから。かかと落とし30〜40回／日は励行しています。

――今一番の関心事は何でしょう？

樋口：女性の地位、役割のアンバランスについて。何が原因かというと、戦後30年以上も女性にとって男女平等に働く機会がなかったことです。男は55歳、女は45歳という差別定年が許されていたこと。それが完全に禁止されたのは1985（昭和60）年に「女子差別撤廃条約」が批准されてからなので、まだ

50年足らずです。その名残を低年金・低賃金の老婆たち、貧乏ばあさんが受け継いで、これから壮絶なるばあさん貧乏時代が始まるのです。

公的な税や社会保険料は低いけれど、その低さは男女差別の中にしわ寄せされています。同じ年寄りでも、じいさんよりばあさんのほうの貧困率が高い。日本のこれからの高齢化社会問題に関しては、「貧乏ばあさん防止作戦（通称BBB）」を大切にしたいと思っています。

この先高齢化社会を乗り切っていくためには、何よりも男女差別をなくし、就労機会の少なかった女性たちの今後の就労先の開発や研修が不可欠だと思います。働くための支援策を作っていかねばならないのよね。

そのために私は、ヨタヘロしながら、講演に行っているわけです。

これから75歳以上の後期高齢期を迎えるにあたり、特に女性はどうしていけばよいのか、年寄りを我慢させるだけなのはどうか、どう支え合うかなど考えていかなければ。今日の若者、明日の年寄りですよ。

――先生のやるべきことは、若い頃からずっと継続されて、今後も続いていくわけで

すね。

樋口：最近ようやくヨタヘロ期とはどういうものなのかがわかってきたので、この時期の生き方の注意点を挙げていきたいと思います。我々の親の世代はみな、慎ましやかだったので、この年になってみないとわからなかった。本格的な「老い」を迎える高齢者が大量に生き残っているのは、私の世代が初めてなのです。

――そうですね。「老い」と真っ向から向き合って、豊かな老後とは何かを考えてこられた。そしてもう一つ大切なことは、先生の世代が体験なさった「戦争」という未曽有の世界……。

樋口：徴兵検査が行われた最後が１９４５（昭和20）年。それまでは戦場に引き出されて、20歳手前でも大量に若者が死んでいるわけです。自ら志願して特攻隊になった人もいました。私と同世代のほんの少し上の人たちが死んでいく。

死者を10万人以上出した1945年3月10日の東京大空襲で死んでしまった友達もいました。

私は、集団疎開をして助かったのです。当時小学校高学年で、進学に熱心な人たちは、みんな集団疎開だったのよ。縁故疎開組、残留組と集団疎開組に分かれていて。実はそこに貧富の差もあったのです。私の母も、布団を畳一畳分以内の大きさにするようにと、学校から呼び出されて縫っていましたよ。親が丹精込めて布団を縫い縮めたり、毛布を取り分けたりしながら、食べるものもなく過ごしていた。残留組の人たちの中には生き埋めになって死んでしまった子もいましたね。私は公立に通っていたから、まわりにいろいろな人がいました。そんな壮絶な体験を我々の世代はしているわけです。

その後、徐々に生活水準がよくなって、生き残れるようになりました。だから私も、大切に生き残らなければならないと強く思っています。

——私は以前に、長野県上田市にひっそりと佇む「信濃デッサン館」(現「KAITA EPITAPH 残照館」)と「無言館」のガイドブックを作ったことがあります。窪島誠一郎氏が長い年月をかけて、戦没画学生たちの作品や遺物を収集し展示した個性的な美術館です。

「無言館」に展示されていた一枚の裸婦像が、なかでも印象に残っています。それは日高安典の「裸婦」という絵でした。出征兵士だった日高は、恋人の裸体を描いたが、戦地に赴き、生きて帰ってきて必ずこの続きを描くと約束していたのに、戦死し未完成の裸婦像となってしまった。その未完成の絵の前で私は、感極まって動けなくなってしまいました。

まだまだほかにも、戦争を体験した多くの人たちがその時代の記憶とともに様々な思いを抱いていたと思います。日本人だけでも300万人、アジアでは2000万人の人が犠牲になった「戦争」という魔物の記憶を決して風化させてはならないと強く感じたことを覚えています。

樋口：「無言館」のことは、私もよくうかがっています。戦争の記憶は語り継いでいかないといけないですね。私の中でも、幼馴染みのきぬちゃんが防空壕で生き埋めになって死んでしまったとか、そういうことは常に忘れずに思ってきけれど、そこに「貧富の差」があったことに、この頃になって気がついたの。いつの時代も悲劇につながっていく「貧富の差」というものをなくしていかなければならないと思うのです。

――大正生まれの方々との思い出はありますか？

樋口：大正生まれの大御所で足を向けて寝られないのは、評論家、エッセイストの秋山ちえ子さん、同じく随筆家・評論家であった吉沢久子さんですね。お二人とも尊敬する先輩で、自分がＮＰＯを立ち上げるときや都知事選に出ようとしたときなど、惜しみなく援助をしてくださった恩人ですね。

同じ立場の評論家で仲が良かったのは、「俵、吉武、樋口」、当時三人娘と言われていました。特に俵さんとはとても気があって親しかったわね。私たちは、作家ではなく評論家だったから。

――吉武輝子さん、俵萠子さんとは、まさに同年代、樋口先生と合わせて、当時三人

娘の御姿をテレビで見ない日はなかったほど、あらゆる報道番組でお見かけしていました。キャリアを積んでこられた皆様は、私たち一世代ほど下の人間にとって、女性の生き方のひとつのロールモデルだった気がします。

樋口：私のキャリアの中で、G社に勤めていたときの話をします。

私と親しくしてくれた45歳の女性編集長は、当時とても活躍なさっていたのに、定年で辞めざるを得なくなりました。そのとき私は35歳だったけれど、とても怒りを覚えました。私の入社した頃は、男性と女性では10歳も定年の年齢が違っていたのです。昭和50年にかかる頃で、さすがに批判の声も出て、やがて解消しました。やはり言うことは言わなくちゃ。男女別定年制が国の法律で禁じられたのは、１９８５年の男女雇用機会均等法以降です。

――そうだったのですね。「おかしい！」と思ったら声をあげていかないと何も変わらない、ということですね。

樋口：今年の男女共同参画白書*に「もはや昭和ではない」と書いた人がいましたね。世界の変化をみると、スカンジナビア半島ではできているけれど、まだこれから東南アジア、地中海沿岸の国々を含め、すべての女性が就労して差別を受けないと同時に、税金、社会保障などの社会的負担も担い合わなければならないと、言い切っておられる方もいます。

＊男女共同参画社会とは、「男女が、社会の対等な構成員として、自らの意思によって社会のあらゆる分野における活動に参画する機会が確保され、もって男女が均等に政治的、経済的、社会的及び文化的利益を享受することができ、かつ、共に責任を担うべき社会」。（男女共同参画社会基本法第2条）

――はい、男女共同参画社会とは、そもそも仕事、家庭、地域生活などの活動を自らの希望に沿った形で展開でき、男女が共に夢や希望を実現できることをイメージして作られたものです。「もはや昭和ではない」は、「もはや戦後ではない」という1956（昭和31）年の経済白書の名文句が下敷きになっているようです。人の生き方も家族の在り方も昭和の時代とはずいぶん様変わりしてきたのに、政策や制度は昭和を引きずっている。結果、女性の貧困リスクが増している、ということですよね。

厚生労働省の発表によると、令和の今日、女性の2人に1人は90歳以上まで生きています。男性は4人に1人の割合。つくづく女性が一人でも老いを生きていける、経済的に自立できる環境整備をしなければならないと痛感します。

日本はまだまだ男女平等の意識の違いや男女の賃金格差が国際的にみても大きいと思います。

樋口:私の願いは、政府の文書のなかで述べられている「ワークライフバランス」ですが、もう一歩踏み込んで、「ワークライフ&ケアバランス」と呼ぶべきだと思っています。「ケア」とは、人間が生まれ落ちて、最初に生存のために受けなければならない営みが出発点です。人間は生まれてから1歳くらいまでは一人で立ち上がれないのですから。生理的に女性に比重がかかるのは致し方ないですが、これからは男性がいかに女性化・ケア化・母性化するかにかかっていると思うのです。

——なるほど。男女共々「ケア」の視点が必要なのですね。

さて、家族といえば、同居世帯の場合、「老いては子に従え」なんて言葉もありますが、

先生の場合はいかがでしょう？

樋口：私はすごくいい人間関係に恵まれています。家族のような人たちがまわりにたくさんいるのよ。

たとえば、食事に関しても、私はずいぶん昔から一日二食。お昼は作ってくれる人がいるから、有難い。シルバー人材センターから助っ人が来てくれると、その日の昼と夜に作ってもらったものを食べます。お弁当を買うこともあります。また週に一度や二度は外出するチャンスもあるし、週末は娘が面倒見てくれますからね。口うるさい娘に食べる時間や順番まで指定されて、腹が立つけれど（笑）。「老いては子に従え」なんてとんでもない！　無駄な抵抗を試みていますよ。

――それが元気の源なのですね。

私は「終活」という言葉は嫌いです。人生の終わり感がにじみ出ていて抵抗したくなるけれど、先生はどう思われますか？

樋口：そうかしらね？

私に言わせれば、どうせ終わりが来るのに、まわりに迷惑をかけるのがわかっているのに、とうの昔にしていなければならないのに、何にもしないでいる金満家の友達のほうが許せない。子どもがいればいいけれども、子どもがいないなら一番世話になっている姪甥に遺書を書いておきなさいって言うのに、なかなか書かないのよね。なので、そうした友達には後に残る人のために、けんか腰で書かせています（笑）。

「断捨離」という言葉は嫌い。私はゴミに埋もれて死にますから、私の生きているうちは何も片づけないで、って言ってますよ。片づけ物のお金は残すから、私が生きている間はそばに置いておいてね、という感じ。

――なるほど。

樋口：最後にもうひとつ。日本の女性の地位の低さというのは、日本のいろいろな場面に残っている「家父長制」の弊害だと思う。そんななか、今でも自由な発言ができないのは、嫁の立場ではないかな？　いつまでも「嫁哀史」ではいけないと思っています。

――確かに明治民法下で言われていた「家父長制」は、妻が働くのに夫の許可が必要で、妻の労働によって得た財産や実家からの持参金はすべて夫に管理されていたと聞いています。

その後、家制度は廃止され、新しい家族像として夫婦二人の平等性が言われ、高度成長期には、性別役割分業が固定化されました。ただ、女性の働ける場所は確保されず、経済的にも自立できずに女性の立場が弱くなっていったということですよね。真に対等な夫婦関係を実現するためには、社会の制度そのものを根本的に変えていかねばならないと強く感じています。先生のおっしゃる通り、女工哀史ならぬ嫁哀史ではいけないですね。

樋口：生活とケアをアンバランスなくらい引き受けざるを得なかったこの世代

の女性の発言が世の中に活かされない限り、ワークライフ&ケアバランスの取れた社会はできない。具体的に言えば、地方議員の人口の2割くらいはそうした女性に任されていると思うので、ぜひ基礎自治体の議会が決めることには必ず女性が参画し、苦労しているこの世代の女性たちが政策に目を通すなどということが必要だと思います。今回、女性の地方議員が過去最多となったのは、その第一歩です。

今ね、私は年をとる人の健気さに触れることができていることがとても嬉しい。彼らが「できることなら何かお役に立ちたい」と言っているのが素晴らしいと思うのです。たとえば、施設の中で働く人たちに楽をしてほしいから、下膳だけでもしたい、とかね。

為政者も善なるものに光をあてることに努力してほしい。中高年の男性がよく使う言葉、「ビスケット」って知っていますか？　年をとってくればビスケット、つまり微力ながら世の中の助っ人となるべき。素敵でしょ！　そのためには、今の60代、70代、80代が頑張らなければ、この世の中はもたないですよ。男も女も働けるシステムを作るのが先決ですよ。

それぞれ違う老いがある。まさに「老いこそ個性的」。みんなそれぞれ、できる部分で付き合っていかねば。

――最後に、これからの人生、楽しく生きるための心意気をどうぞ。

樋口：「楽しげに生きる」という言葉、どうですか？ 今日を生かしてもらっている社会全体すべての人へのお礼の気持ちをもちましょう。自分の不機嫌を人に感染させてはいけない。それはコロナよりたちが悪い。楽しげに生きましょう！

もうひとつ。「老いこそ個性的である」と私は思っているの。

私の身辺には、長年、長電話してきた時間を大切にしてきたけれど、耳が遠くなったから今後は手紙にしてくれないか、とか、右手の指3本がだめになって字が書きにくくなったから、ひと月に5分くらい電話していいか、などという様々な友人がいます。できる部分で付き合っていかねばならない。みなさん、それぞれ違う老いがあるのよね。まさに「老いこそ個性的」。一律ではないのです。

中高年の皆様には、健康体なら、なんでもよいので、ぜひ働いて少々でもお金を稼ぎ、日々の生活を充実させてほしいと思っています。高齢者のための「シニア食堂」のようなものも必要よね。「こども食堂」ならぬ「ジジババ食堂」があってもいい。

私は常々、老人は「非力ではあるが無力ではない」と言っています。頑張りましょう。

——我々よりずっと若い世代にもひとこと、お願いします。

樋口：立ち向かうべきことから逃げるな！ですね。果敢に攻めていってください。

大きな病気をしたばかりとは思えない溌剌ぶり。どうみても「ヨタヘロ期」ではないような……。ユーモアを交えながらの凛としたお姿の先生と過ごした数時間は、ぼーっと生きていてはいけない、あらゆる世の中の矛盾に対し、立ち向かっていかねば……という勇気と希望が湧いてくる体験だった。

樋口恵子（ひぐち けいこ）／1932（昭和7）年5月4日、東京生まれ。評論家、NPO法人「高齢社会をよくする女性の会」理事長、東京家政大学名誉教授、同大学女性未来研究所所長。東京大学文学部卒業後、通信社、出版社勤務などを経て、評論活動に入る。内閣府男女共同参画会議の「仕事と子育ての両立支援策に関する専門調査会」会長、厚生労働省社会保障審議会委員、地方分権推進委員会委員、消費者庁参与などを歴任。著書に『90歳、老いて ますます日々新た』（柏書房）、『老いの玉手箱』（中央公論新社）、『90歳になっても、楽しく生きる』（大和書房）、『老〜い、どん！2　どっこい生きてる90歳』（婦人之友社）など。

Nomiyama Gyoji

描いているときりがない。「これでいい」と手放すことができない。描くことが面白いから続けられる。

野見山暁治

（洋画家）

2022年10月17日　福岡県糸島市のアトリエにて

招き入れていただいたのは、福岡県糸島市の風光明媚な野見山先生の別荘の一室。そこは、先生が夏の間だけ訪れる第二のアトリエ。油彩の道具と描きかけの絵が、白壁の静謐なアトリエを彩っていて、私は軽いめまいを覚えた。

先生は、廊下で転んで左鎖骨を骨折しておられるそうだが、きびきびとした動作で迎えてくださった。秘書の方から、8年前にも駆け込み乗車しようとして転び、右肩関節と左膝を同時に骨折したが、杖も使わず治された猛者であるとうかがう。

アトリエには、油彩の道具と描きかけの絵、大きな机の上には、今まさに執筆途中である「アトリエ日記風の美術評」を書きつける大判の原稿用紙。その横にはいつでも横になれるベッドが備えられている。仕事机の背後には入りきらないほどの画集が並べられている大きな本棚が……、完璧な居住空間。

トイレも近くにあり、窓からは唐津湾が一望でき、デッキに出れば新鮮な空気を吸うこともできる。足取りもしっかり、その快適空間を杖なしで移動されている。

――最高の空間ですね、先生。

野見山：そうね、運動のためにご飯だけは、上の階まであがっていって食べるようにしているよ。ちょっと前に転んでケガをしたときは、ここに運んでもらって食べていたけどね。

――まずは、こんなお元気な101歳にお目にかかったことがないので、正直驚いています。どういう心持ちで毎日キャンバスに向かわれているのかお聞かせください。

野見山：知らず知らずのうちに100歳を超えていたね。たしか、『赤と黒』

の作者スタンダールが、我々の寿命は限られているのだから、せいぜい楽しみましょう、と言っていたと思うけれど、楽しんで毎日を送ることにしているよ。
描いているときりがないいんだよ。「これでいい」と手放すことができないんだ。描くことが面白いから続けられるんだね。やめどきってわからないなあ。どこへ行こうとしているのか果てしないけど、遠くから力が来て、宇宙的な空間に絵があるという感じなのかなあ。

——なるほど。楽しみながら、ですね。いわゆる趣味と実益を兼ねて、ということでしょうか。特に健康を意識して、やっておられることはありますか?

野見山：絵を描くこと以外何もできないんだよね。きっと生まれ変わっても絵を描いていると思うよ。健康を維持することは意識しているかな? 僕は、キャンバスに向かって、立って絵を描くんだよ。だから足腰が強くないといけない。日頃から自然と鍛えられているから、転んだりして、ケガをするけれど、治りが早いんだ。

今はまた骨折してしまったから、残念ながら長時間立って描いていられないけどね。

――先生が昔描かれた絵で、何とも言えないエネルギッシュな絵、「サエラ四部作」と題されていた絵に、私は強く打たれました。押し寄せる波に抗うかのような渦巻く何かが躍動していて、ショックを受けたのを覚えています。血が滴るような描写や人間の情念のようなグルグルした激しさや、その独特の色彩感覚に魅かれました。

野見山：何かを描こうと思って描いているわけじゃないんだよね。キャンバスの上に無意識のうちに描きあがっていくものが「絵」になっていくんだ。深く考えて描いているのじゃないんだよ。それに題名をつけていく。「サエラ」は、石の上に描いた作品。石に描く専用の絵具で描いたものだよ。

――ところで、先生はご長男で、親に大反対されたのを押し切って、美術学校に入られたとか。

野見山：親父は当初、僕が絵描きになるのに大反対で止めたけれど、結局折れてくれた。故郷で炭鉱を経営していた親父のあとは、次男と三男が継いでくれたんだよ。

僕に絵を描くことをすすめてくれたのは、美術の担任。息子さんは九大になんか入れませんよと言って、僕が絵の道に行けるようにしてくれたんだ（笑）。

――先生の画業に影響を与えた画家はおられますか？

野見山：僕は、東京美術学校（現・東京藝術大学）で油絵を学び始めた。当時僕はフォビズムにあこがれていた。優れた絵は、はてしない世界に僕を連れて行ってくれたね。

僕が美大生だった当時の日本では、油絵に対する評価は高くなかった。水彩ばかり……。

そう、「画壇の仙人」と呼ばれていた熊谷守一さんは、僕の好きなフォビズムの画家だったね。猫やうさぎ、アゲハ蝶などを描いていた。

そして僕は、圧倒的に海外の画家、ゴーギャンやゴッホにあこがれていたね。油彩に関しては、日本国内で学べるものは当時何もなかったしね。私立大原美術館と三井コレクションくらいだったかな？　しかも展示時間が限られていて、非常に限定的だった。日本にいても学べるものも用途もなかったから、僕は当然のようにパリに出ていった。フランスに激しくあこがれて、12年間もフランスで学び、活動していたね。その後、母校の講師を務めたが、性に合わなくてやめた。そして東京練馬のアトリエで絵を描くことにしたんだよ。

――パリでの12年間はいかがでしたか？

野見山：絵を描くことがすべてだったから、日本から呼び寄せた妻にはひどいことをした。絵を描きながら妻との間の子どもを育てることはできないと思ったから、妻にそういう生活を強いてしまった。今考えると、ずいぶんなエゴイズム、絵を描くこと以外は何も考えてなかったんだ。後悔しているよ。

――先生のお名前は、四半世紀も前に存じ上げていました。私が当時勤めていた出版社で『関東周辺ロマンティック美術館』という美術館巡りの本を作ったとき、そこでガイド役をお願いした窪島誠一郎氏の口から何度も何度もうかがっていたのです。

窪島氏は、長野県上田市にある戦没画学生慰霊美術館「無言館」の館長でいらっしゃる。戦争で命と夢を奪われた若い画学生たちの遺作を全国各地から3年がかりで集めて建てられたのですよね。野見山先生の『祈りの画集』*との出会いがきっかけだったと聞いています。絵筆を銃に変えざるを得なかった戦時中の青年たちの凄まじい生き様が垣間見えて苦しくなりました。

＊東京美術学校の学窓をあとに戦地に向かった若き画学生の遺作の画集。

野見山：そうなんだ。彼が『祈りの画集』を見て感動したらしく、僕を訪ねてきて、「戦没画学生の絵を展示する美術館を建てます。協力してくれませんか」と言うんだよ。驚いたね。お金も土地も時間もないけど、体力だけはあるから、って（笑）。だから協力した。

僕は体質的に争いが大嫌いで、人と勝負することも嫌い。ケンカしたことがないんだよね。弱虫なんだな。もちろん、世の中で意思を通さなきゃいけないことはあったけどね。そんな僕が戦没画学生の魂を今に伝えていくことに意味はあると思った。

戦争時代はいつ死ぬかわからなかったから、戦争が終わったときは、ようやく自分の体が自分のものになったと思ったね。

戦争が終わって20年くらい経って、僕は母校の東京藝大の教師だった。

ある日、NHKが「日曜美術館」で戦没画学生の絵を取り上げて、番組にしていた。僕の母校・東京藝大の45人の戦没画学生だけ、所在がわかったらしい。彼らの作品を見つけたので、全国を回って記録してほしいと依頼してこられた。宋左近氏、安田武氏と僕の3人で、15人ずつ受けもつことになったんだ。あまり気が進まなかったが、その頃は特に反戦の気持ちが強く、鎮魂の意味もあって引き受けた。僕の引き受け分15人分を回るのに1年くらいかかったかな。

もう一人、彫刻家の向井良吉さんも頼まれていたと思うけど、彼は、東洋は西洋に食い物にされる、日本は戦うべきだ、という論調の人だった。僕とは違う。いろいろな立場の人がいたんだ。

廻り始めた頃のこと、3軒目に訪ねた僕の同級生O君の家では、彼の母親やお姉さんが歓待してくれ、夕飯をご馳走してもらい、話に花が咲いた。戦地から戻らなかったO君の絵を見て語り合ったが、帰り際に、玄関先でコートを後ろから着せ掛けてくれようとして……。O君の母親は慟哭していた。僕の背中から手を離さなかった。そこに生きている僕の姿が帰らぬ息子の姿とダブってしまったのだと思う。

もうとうに戦争は終わった、過去のこととして話せると思っていた。でも息子を戦争で失った家族の悲しみは終わってなかったんだよ。僕は心から反省した。そんな悲しい思いをさせて、戦没画学生の自宅にうかがっての聞き取りの役目はつらかった。翌日、NHKに断りに行った。すると、NHKは何とかやってくれないか、と。後の二人はもっと早くやめてしまったらしい。彼らは東京藝大出ではなかったから、やりきれなかったんだと思う。アルバムを見せられたり、主任教授の話をされたりしてもわからないわけだからね。

僕は、画学生の絵を見ると、その絵の背景がわかるんですよ。こんな明るい絵を描けるのは、家族が明るかったからだろう、とか、家族の誰かが彼の賛同者だったのだろう、とかね。それがわかるんだ。

とにかく僕は、戦争は絶対反対！

——これからどんな絵を描いていかれるのか楽しみです。

野見山：女の裸を描いてみたいんだ。この5～6年、特にね。男にとって女は謎。男はときには罪をおかしてまで、女を知ろうとする。僕はね、永久に「性」はわからないと思っている。僕は女について何も知らない……、と思ったんだ。男はね、SEXについて話をするでしょう。女はね、年をとってもいくつになっても恥ずかしがるでしょう。永久に「性」はわからないんだよね。

そう、「結婚」も永久に謎だね。

東京藝大で心理学を教えていた先生が、僕の絵を見て、「子宮の球体の中に浮遊しているような絵だね」と言ったんだ。そこは天地なしの宇宙。子宮の中の自分を描いていると言っていた。

――ずいぶん意味深ですね。先生は今度生まれ変わったら何になりたいですか？

野見山：うん、やはり絵描き。絵を描いているだろうね。自分の世界を描いていると安心感が得られる。そして達成感が得られるからね。自分がわからなかったこと、ハテナ？と思ったことが解けたとき、ものすごい達成感が得られるよね。絵も同じ。

僕は寿命については、自分でわかっているつもりだよ。革のベルトがあるでしょ。年月が経つと劣化していくでしょ。伸びきってしまって元に戻らないとか、表面が剥がれ落ちてくるとかね。僕はそんな状態。だから、行く末がわかっている気がするんだ。亡くなるその日まで、楽しく生きないとね。

――はい、今日はたくさんの発見と生きる勇気をいただいた気がします。次にお会いするとき、また、「知らず知らずのうちに、１０５歳、１１０歳になってたよ」と笑っておっしゃってくださいね。

取材を終えて、秘書の方が筑前前原（まえばる）の駅まで送ってくださった。私は車窓から、野見山先生が連日愛でていらっしゃる美しい湾をじっとながめながら、充足感に満たされていた。

夢のような静謐なアトリエで、今日も明日もキャンバスに向かって、楽しく絵を描かれている先生の健康を心からお祈りしたい。

野見山暁治（のみやま ぎょうじ）／１９２０（大正9）年12月17日、福岡県生まれ。洋画家、文筆家、東京藝術大学名誉教授。１９４３年東京美術学校（現・東京藝術大学）洋画科卒業、１９５２年渡仏、12年間のパリ生活を経て帰国。１９６８年より東京藝術大学で教え、美術学部助教授、教授を歴任。１９５８年「岩上の人」で安井賞受賞。１９７８年『四百字のデッサン』で日本エッセイスト・クラブ賞受賞。２０００年文化功労者顕彰、２０１４年文化勲章受章。近年も、２００７年に東京メトロ明治神宮前駅ステンドグラス原画、２０１１年にＪＲ博多駅にステンドグラス壁面、２０１２年に福岡空港ステンドグラス原画を制作するなど、精力的に活動している。

Ohmura Kon

足腰が立つ限り、声が出る限り、頭が働く限り、「喜劇役者」として、ずっと仕事を続けたい。

大村崑

（喜劇役者）

2022年10月21日　ホテルグランドアーク半蔵門にて

昼下がりのホテルのレストラン。大村崑さんこと「崑ちゃん」は、パリッとしたスーツを着て、秘書を連れて颯爽と現れた。なんと胸には、「元気ハツラツ」と書かれた、あの懐かしい炭酸栄養ドリンクのバッジが輝いている。

最近、多くのメディアに取り上げられ、そのスリムで筋肉質な肉体を披露している、やがて91歳の「崑ちゃん」を前に、ワクワク感がとまらない。

（開口一番、「崑ちゃん90歳　今が一番、健康です！」とおっしゃる。）

――おっと、昨年末出版されたご著書のタイトルですね。

大村：この本のおかげで、講演依頼が殺到していてね。先日スポーツジムで「健康年齢」を測ってもらったら55歳だって。昨年より10歳も若くなっていました。
でもね、ちょっと前までは、いつも疲れていて、ヨタヨタ歩き、息切れ、動悸、眠りの浅い不健康な老人だったのです。それが86歳で奥さんに勧められて入ったジムに通うようになって、本当に「元気ハツラツ」になったんですね。
僕はね、小学校2年生のときに左目が弱視になり、さらに左耳を育ての親に殴られて難聴になり、19歳で肺結核を発症し片肺切除、おまけに58歳で大腸がんを患って手術……。ここ20年ほどで「老い」も加わって、不調続きの体になってしまっていたのですね。

――なんと、満身創痍だったのですね。

大村：特に、肺結核の治療で片肺になってしまって、当時僕は、医者に「40歳までしか生きられない」と言われていたのですよ。「肺がふたつあって、初めて60歳まで生きられる。ひとつしかなければマイナス20歳。60から20引いて40。だからお前は40歳までしか生きられない。だから結婚もするな、子どもも作るな」と医者に言われていました。結婚もできない、子どもも残せない、僕の残りの人生は20年。それなら好きな役者、喜劇役者になって大暴れしたい、と思ったわけです。

――なるほど。ある種の開き直りがよかったのですね。まずは、司会業、そしてコメディアン、喜劇役者と、大村崑さんは引っ張りだこの人気芸能人になっていかれた。

私が幼稚園児の頃、「崑ちゃん」が司会をされていた『日清ちびっこのどじまん』という番組があって、今でも昨日のことのように思い出します。歌よりも「崑ちゃん」と出演した子どもたちとのやり取りが絶妙で、名司会者「崑ちゃん」の印象が強かった。

大村：マイクをちびっ子の口の高さに合わせてあげるんですよ。当然、子どもたちは小さいから、僕がひざまずく形になる。「誰と来たの？」「きれいな服着てるね」「うん、8000円」「えー、8000円もしたの。それ今日着てきたの？　嬉しいね。それじゃ歌にしましょうか」なんて具合（笑）。あの番組から数々の有名な歌手が生まれていきましたね。天童よしみさんや野口五郎さんや小林幸子さん、山口百恵さんも、今でもはっきり覚えています。出演する子どもと漫才やっていたみたいでしたね。天童よしみさんは昔も同じ顔。今でも新幹線で会うと、「先生、お久しぶり」って近寄ってきて声をかけてくれるんですよ。

本番前に子どもたちと一緒にカレーライスを食べるんです。それで、4番の子ども面白いよ、とかプロデューサーに言うわけですよ。

とにかく笑いを意識してやってましたね。

――はい。懐かしいです！

ところで、今や「崑ちゃん」といえば、「筋トレ」をしにスポーツジム（ライザップ）に通っておられて、新聞全面にバーンとスクワットされているお姿が掲載されていますし、テレビCMにも驚くほど若々しいお姿で登場されている。「崑ちゃん」にとってジムって何だと思われますか？

大村：はい、火曜日と金曜日の週2回、5年通っています。いわば学校かな？

やさしい先生のときもあるし、厳しい先生のときもある。ちまたでは断食道場みたい、きつい、苦しいものだという風評もあるようだけど、僕は本当に健康になりました。やり始めた当初は3～4回しかできなかったスクワットも、今では、40キロのバーベルを背負って10回スクワットを繰り返すのが1セットとして、基本的にこれを3セット行っています。今では「スクワットの崑ちゃん」って言われていますよ。

とにかく「筋トレ」のおかげで、今は身も心も元気ハツラツです。僕は86歳から体の大改造をしたのですよ。僕が身をもって証明しているように、何歳からでも体は変えられるし、体が変われば気持ちまで明るくなるのです。

今は、歩くのが楽になったから、外出は楽しいし、昨日もイベントがあって、ビッグサイトの端から端まで歩いても息が切れなかったですよ。19歳のときの片肺切除により70年近くも苦しめられてきた息切れから解放されました。筋トレのおかげで、いわゆる「呼吸筋」が鍛えられて、息を深く吸ったり吐き出したりすることができるようになって、肺活量も増えたのです。

また、夜中に何度も起きていたのが、寝つきもよくなったし、特にジムに行った日は心地よい疲労感があるから、ぐっすり眠れるようになりましたね。誤嚥もなくなって、食べることも楽しいしね。推測だけど、筋トレによって、のどのまわりの筋肉も鍛えられて飲み込む力が増したんじゃないかな？　それにね、僕は入れ歯が1本もないんですよ。虫歯もなければ歯槽膿漏もない。これもね、きっと筋トレによって血液循環がよくなり、歯茎の血行もよくなっていって歯も健康になったんだと思うのです。

「大村崑の元気ハツラツ！」、筋肉と言うのは「ハツラツ」だと思います。膀胱なんかも筋肉でできているんですよ。膀胱が年をとったらゆるんでくるでしょ。若い筋肉に変わったら、夜中に起きなくなった。筋肉の管の中に血液が回っているから、とにかくよいことづくめですね。90歳で自分史上最高の体になってしまいました（笑）。

――すごいですね。私も一時ジム通いをしていたのですが、仕事が忙しいという理由で、自分に言い訳しながらやめてしまいました。でも、考えてみたらその後から、自転車で転んで骨折したり、スポーツで腰をひねって筋を痛めたり、日頃の運動不足がたたってケガばかりしている。今ではとても後悔する日々です。
夫も「運動」と称して連日連夜、犬の散歩を励行していますが、健康の秘訣なんでしょうかね。

大村：ある先生に聞いた話ですが、犬の散歩はね、犬のストレスは走って排泄もするから取れているけど、散歩させている人の筋肉はそんなに増えないらしいですよ。1時間歩いている人なら、次から30分でいいから、大股・速足で3分。また普通に歩いて、3分過ぎたらまた大股・速足で歩く。階段があったらのぼる、坂があったらのぼる。そうやって意識していたら寝ていた筋肉は起きるらしい。筋肉痛が出るけど、そこでやめてはいけないのです。

衣を着たもう一人の内なる自分「三日坊主」が、もうやめろ！と言うからやめてしまう人が多いんだけど、そこでやめてはいけないですよ。

もうひとつ、歩き方。若い人はかかとを先に地面につけて歩いている。年をとってくるとつま先が先に地面について歩いている。かかとから歩くように意識しないとね。

また、荷物のもち方も大事です。体より前でもたない。荷物は体の後ろへくるようにもつように教えられましたね。「体より後ろ」にもつと、上体が立ち上がって、首も背中も腰も伸びますよ。

――全くもっておっしゃる通り！　早速意識してみます。食べ物についてもおうかがいしたいのですが。

大村：和食、ですね。ブロッコリーが中心。ブロッコリーはビタミンCが豊富で、筋トレしている人間の間では、鶏の胸肉と並んで大人気の食品です。ほかにもあずきのスープ、納豆、ヨーグルトにフルーツ。量が足りないときはパンを食べるけれど、炭水化物は摂りすぎないように注意しています。一日二食。寝る前の夕食で炭水化物は摂らない。腹八分目が大事ですね。

――最近の関心事は何でしょう？

大村：親しい友がいなくなるってこと。さびしいね……。90歳になったら、みんな長生きでいいねと言いますが、周囲がどんどんいなくなる。若い人もなかなか会いに来てくれないね。だって、本人の息子さんや奥さんとは付き合っていないですから。元気なときは夫婦で遊べるけれど、親しい人が亡くなったらおしまい。会いに来ないでしょ。さびしいよね。

――役者としてもこれまでずいぶんご活躍してこられました。

大村：僕は大阪の「北野劇場」という大劇場の専属コメディアンになって、ボケ役でデビューしました。テレビに出るようになって、『やりくりアパート』や『番頭はんと丁稚どん』『とんま天狗』など、数々のヒット作に出させてもらった。最高視聴率50％、なんてこともありましたね。その頃の睡眠時間は、一日2〜3時間、11本のレギュラー番組を抱えていたこともありました。

――ずいぶん無理をなさっていた時期があったのですね。どんなにつらくても、やめ

ようとは思わなかったのですね。

大村：そう、必死だった。その頃の僕はまだ、40歳で死ぬんだから、残された時間が長くない、好きでなった役者稼業、ひとつでも多くの仕事をして死にたかったのですよ。片肺でも行けるところまで行きたかったのですよ。

――なるほど。当時の「崑ちゃん」に影響を与えた役者さんがいらしたのでしょうね。今後やってみたいことは何ですか？　やはり俳優ですか？

大村：「喜劇」をつけてください。「俳優」でもないね。僕はずっと「喜劇役者」でいたいんです。僕が劇場に入った当時は、喜劇役者と呼ばれている人が220人くらいいたんですよ。東京と関西に喜劇人協会ができて、合併して日本喜劇人協会ができた。僕は8代目の会長になりました。喜劇役者のなかでも、神髄を学ばせてもらったのは、森繁久彌さんでしたね。悪口雑言の人が多かったなかで、森繁さんは言わなかった。立派な人でした。尊敬していましたね。

また、3歳年上の渥美清さんは、僕にとっては東京の兄貴のような存在で、仲良くしてくれました。

そう、それでね、今後やってみたい役柄があるのですよ。それは、リアルなおばあさん役。僕は芝居をするのに、日本舞踊（若柳流）を習いに行っていたから、おばあさんのしぐさができます。そこで、着物着た「崑ばあ」が世直しをするという役をやりたい。「なぜおばあさんなのか？」と言うと、笑いが取れそうだからです。

たとえば、電車の中で若い女の子にね、「そんなとこでお化粧したらだめよ、おうちでしてらっしゃい」とかね、シルバーシートに座ってたら、「そこはあなたたちの席とちがうよ」とか言う、昔ながらのおばあちゃんがいるっていう番組を作りたいのですよ。いじわるばあさんはだめですよ。食事のシーンなら、「肘ついて食べちゃだめ」とかね。「崑ばあ」用のかつらもあるし、それを１００歳までやりたいね（笑）。

——素晴らしい。それ、今の時代に必要です。正しいことを言うんだけど、なかなか

聞き入れられない。「崑ばあ」は、世直しをしたいのですね。ユーモアとペーソスがあるといいですね。

大村：チャップリンがそうでしょ。やることが面白い。彼はパントマイムの役者だからね。金持ちに反抗しているんですよ。タキシードを着て、山高帽かぶってステッキもって、金持ちのふりをしている。けれど、金持ちに反抗、挑戦している。僕の芸はチャップリンみたいだって言われたことがあったけれど、僕は笑いを仕事にしてきたから、ずっと「喜劇役者」として役柄をやっていきたいのです。足腰が立つ限り、声が出る限り、頭が働く限り、「喜劇役者」としてずっと仕事を続けたいと思っています。「笑いは幸せの入口」ですからね。

――「喜劇役者」って深いですね。

大村：そう。喜劇役者はね、たとえば今のお笑いのように、赤ちゃんを放り投げたりしない。下品なことはしないんですよ。赤ちゃん使って笑わすとしたら、ひとつしかない。

貧しくて、自分の赤ちゃんを若い女の人が捨てるシーン。「すみませんが、赤ちゃんを抱いててください。すぐ帰ってきますから」「すぐ帰ってくるの？」「ええ」「ああかわいいね。きれいね。べっぴんさんやなあ。お母ちゃんもきれいやけど、おおきなったらおとこ泣かすんちゃうか？　よちよち、えーいばあ」「えーいばあ」（しばらくして……）「あっ、きれいなかおして、しょんべんかけられた」「おしめぬれてるんちゃうか」（まだお母ちゃん帰ってこないなあ）「えーっと、どれどれ」……「うわあ、おとこのこや」

スコーンとライトが消える。どうですか？

――すごいなあ、哀愁がある。余韻を残すんですね。喜劇役者、あっぱれですね。

本当に元気をもらえました。まだまだ心身共に元気でご活躍されますね。100歳は、人生のひとつの節目として意識されていますか？

大村：いや、100歳では区切りがよすぎるので、人に聞かれたら、「102

歳まで生きます」と言うことにしているのですよ。１００歳までは、仕事を続けたいからね。「前日まで筋トレをしていた崑ちゃん、１０２歳で逝く……」そんな見出しが新聞に載ればいいね。

１０２歳になって逝ったら、盛大にお葬式。僕の大好きなコスモスの花をお棺の中に入れてもらって、元気なときの崑ちゃんのスライドを見せて参列者を盛り上げたいね。今流行りの家族葬については、どうかと思う。お父さんが社長だったりしたら、知り合いもたくさんいるでしょう。死んだことを何故知らせてくれなかったんだ、なんて嘆く人も出てくると思うのですよ。

そうそう、葬式には霊柩車も用意しなければなりませんね。僕が乗るのは「赤い霊柩車」。長いことドラマシリーズで葬儀社の専務役をやっていましたからね（笑）。僕は喜劇役者だから、会場のあちらこちらで笑いがもれる、賑やかな葬式をして、赤い霊柩車に乗せてもらって、あの世に旅立ちたいのです。とにかく葬式は盛大にやりたいね。葬式に誰も来なかったらエキストラ呼んでね、と言っています。

――若い人たちや世間にひとことありますか？

大村：もっとあらゆることに挑戦してほしい、ってことかな？　自信がないのかな？　今どきの若い人、おとなしい人が多いですよね。もっと自分を信じて頑張ってほしい。

それとね、僕はスポーツ見るのが大好きなんですよ。特に相撲観戦。横綱審議委員会に入りたかったんですよね（笑）。「相撲」の中に「笑い」がないでしょ。たとえば、取り組みが終わった後、「今日はきつかったけどね、思わずあの手が出ましたよ。よかったなあ、今日は……」とかいうのがあってもいいじゃないですか。それが、武士道というか、負けた人のことを思ったら笑っちゃいけないなんて言われているのか、つまらないよね。みんな同じような感想しか言わない。高見山関が少しだけそういう仕草をやってたかな？「今日は自分の相撲が取れました」って言うけれど、「どんな相撲？」ってアナウンサーも聞かないでしょ。こんなふうに固いところを喜劇役者がやわらかくしていきたいわけです。

――はい、なかなか難しそうですが……。「笑い」は大切ですね。しみじみ思いました。冒頭におっしゃっていましたが、「崑ちゃん」は今や講演会に引っ張りだこですよね。そこでも笑いの渦に包まれているのでしょうね。

大村：そう。大村崑の講演は愉快ですよ。講演会って、つい疲れて寝てしまうでしょ。「体調が悪くて寝る人がいると思いますが、僕は一生懸命やりますから、寝ないでくださいね。この列の前から7番目の人、なんて僕は言いますよ。そうしたら、みなさん、いっせいにその人を見てくださいね。この町に住めなくなりますよ」なんて最初に言うんですよ（笑）。だって失礼でしょ、目の前で寝るなんてねえ。

――はあ、なるほど。それじゃあおちおち寝てもいられない（笑）。

コロナ禍の影響は徐々におさまってきているようですが、暮らしに変化はありますか？

大村：そうね。ようやく外に出られるようになってからは、外出が楽しくなって、つい先日も奥さんと手をつないで歩いてみたのですよ。すると、奥さんの手が温かくて気分が和みました。彼女がフェイスブックで、「久しぶりに主人と手をつないで歩いたら、主人の手は温かかった」と、投稿していました。僕と同じことを感じていたようで嬉しかったですね。ともに長生きしていきたいですね。

――はいはい、ごちそうさま。とてもうらやましい限りです。今日はありがとうございました。

〜〜
「崑ちゃん」は気遣いの人だった。あらゆることに気を回す。我々にも
〜〜

秘書さんにも。筋金入りの本物の役者を目の当たりにして、その健気さ、サービス精神、真摯さに心を打たれた。心も体も健康になるためにやれることを全部やってみよう！と心に誓ったひとときだった。

大村崑（おおむら こん）／1931（昭和6）年11月1日、兵庫県生まれ。喜劇役者。キャバレーのボーイから司会、そしてコメディアンへと転身。1958年『やりくりアパート』でテレビデビュー。その後、『番頭はんと丁稚どん』『とんま天狗』に出演し一世を風靡する。1960年代に『ちびっこのどじまん』の司会を務めたほか、大塚製薬オロナミンCのCMで子どもから大人まで幅広い層に好かれる国民的タレントとしての地位を確立。近年は講演活動で全国を駆け回りながら、テレビドラマ『赤い霊柩車シリーズ』（フジテレビ）、『西郷どん』（NHK）などに出演。著書に『崑ちゃん90歳今が一番、健康です！』（青春出版社、2021年）など。

Ohkawa Shigeko

何かを始めるのに遅すぎることはない。いつまでもわくわくする気持ちを忘れないこと。

大川繁子

（保育士）

2022年10月28日 小保幼児生活団にて

ペリー来航の2年前の嘉永4(1851)年に建てられたという築170年以上経た古民家を前にして、まずその佇まいに圧倒された。

ここは、栃木県足利市にある認可保育園「小保幼児生活団」。95歳の今も、現役で主任保育士を務める大川繁子先生にお目にかかり、終始にこやかに対応していただく。

納屋を改造したという素敵な応接間で、薪ストーブを背に、繁子先生と向き合った。古くから使われているものを大切に扱っている気配がする部屋。くつろぎの空間である。その部屋の柱時計がボーンとひとつ鳴って対話は始まった。

——「小保幼児生活団」は、創立73年。ここに1962(昭和37)年に就職されてから60年間、繁子先生は主任保育士として、保育一筋でやってこられました。その間、

実に3000人近くの子どもたちを卒園させてきたと伺っています。

大川：そうですね。「ほったらかし保育園」の中で、実にのびのびと子どもたちは巣立っていきましたね。子どもには自然に学んでいく力が備わっているのです。私たちが「何々しなさい」と指示しなくても、この自然の中でいろいろ考えながら生活していますよ。我々保育士たちは、そうした自由なやりたいことをとことん突き詰める子どもたちを、温かく見守って、一緒にいろいろなことを考えてあげればよいのだと思います。どの子どもも個性的で、エネルギッシュでとても素敵です。

60年もの間、子どもたちの自由に生きる力と責任をしっかり考える保育をやってきましたね。

——繁子先生は東京の裕福な家庭に生まれ、大学では数学を専攻されました。戦後、歯科医師と結婚され、お義母様が「保育園を作る！」と宣言されて、先生に当時の保母さんになる試験を受けるようにおっしゃったのですね。

大川：そう。私には3人の息子がいましてね、名前はすべて音読みで「シン」。長男の「新」、次男の「真」、そして三男の「進」。東京の女学校を出た主人の母親が保育園を作ると宣言した頃、私には生まれたばかりの次男「真」がいたけれど、保育士の資格を取るように言われ、その子をおぶって勉強をして試験を受けました（笑）。

そこから60年、わくわくしながら保育をしてきましたね。今では、そのとき背中におぶっていた次男の「真」が園長をやってくれています。

――園長の真先生が「モンテッソーリ教育」*と「アドラー心理学」の考え方の良いところを取り入れられて、園でしっかり取り組み、実践してこられたのですね。

＊障害者教育がルーツ。自立した人間を育てるための教育法。子どもたちのやりたいことを尊重し、あくまでサポート役に徹する。

大川：特に、モンテッソーリ教育を重視し、子どもたちに自由に心ゆくまでやりたいことに打ち込ませる自由保育を励行してまいりました。また、アドラー心理学に則って、我々大人と園児たちを「対等」の立場に置き、彼らに命令・強制をしない、みんなと同じことをしない、子どもたちの「やりたい」気持ちを尊重して、ルールは園児たちが決めて守る（責任をもつ）、子どもが決めたことには口出し無用、ということを実践してきました。ずばり、当園における保育のテーマは、「自由と責任」ですね。

当園では、モンテッソーリ教育で「育て方」を、アドラー心理学で「接し方」を保育理論として取り入れていたのです。

この年になっても保育士をしている一番の理由は、小保幼児生活団で取り組んでいる保育が、心からいいと思っているからなのですね。

0～5歳の子どもたちの縦割り保育を実践し、95歳の私と0～5歳の子どもたちは基本的に同等、対等であると思ってやってきました。人間と人間のあいだに上下関係はないですものね。子どもと対等な立場で行う保育、自由に生きる力を育む保育は、自己肯定感にあふれ、大人までも幸せにしてくれます。

3000坪もあるここの自然豊かな環境下で、私は子どもたちをのびのびと育てたかったのです。今では、子どもをここに通わせるために他県から移住してこられる家族もいらっしゃいますね。

——繁子先生は、特にリトミックと絵本がお好きですね。私も長年、『キンダーブック』をはじめとする絵本作りに従事してきましたが、実際に絵本を園で読み聞かせさせてもらって、子どもたちが目を輝かせて真剣に聞いてくれたことが一番嬉しかったです。

大川：絵本の読み聞かせもとても大切なので、欠かせませんね。絵本はあくまで、大人と子どもで、特に親子で楽しむものです。教育にいいからとか、道徳やしつけに使わずに、純粋に「あ〜あ、面白かった」って、親子で共通の時間がもてればいいのではないでしょうか。子どもたちに、どうだった？などと感想を聞かなくてもいいのです。大人が「面白い」「かわいい」「いい話ね」などとポジティヴな気持ちで読みさえすれば、子どもたちは目をキラキラさせて、身を乗り出して聞いてくれますよ。「絵本」は実に大切な親子のコミュニケーションの道具だと思います。

絵本を選ぶポイントをひとつ挙げるとしたら、自分の琴線に触れるものを選ぶということですね。やはり、10年以上も読み継がれてきたようなロングセラーの絵本は、間違いなく面白いですよね。絵本を使った劇もよくやりましたね。クリスマスが近づいてくると、『てぶくろ』などを劇にしましたね。

——『てぶくろ』は、ウクライナ民話ですね。いまウクライナでは、子どもたちが未だ戦禍でつらく悲しい思いをしています。一日も早く彼らが平和に遊び学ぶことができるように祈るばかりです。

先生は日本で戦争を経験されました。今でもつらい記憶がおありになるのでは……。

大川：もちろんです。一時も忘れたことがない。私が10歳のとき、日中戦争が始まり、18歳のときに第二次世界大戦の終戦を迎えました。

女学生時代、私たちは、農作業をしたり、軍需工場で戦闘機の通信機器を作ったりしていました。「お国のため」だといわれて、受け入れざるを得なかったのです。竹やりを練習して、「米兵が来たらやっつける」などと、洗脳されていました。そして、毎晩というほど空襲警報を聞いては、食堂の机の下にもぐっていた。……怖かったですね。

そして終戦を迎えて、その洗脳が解けたとき、「教育を間違ったら、子どもはそれに染まってしまう。なんて恐ろしいことだろう」と気づいたのです。本当に正しいことは何なのか、自分の頭で考えて、自分らしく生きていけるよう子どもたちを導いていくことが生きがいになっていきました。

平和を望む気持ちは、戦争を体験した私たちは特に感じますね。二度と不幸な子どもたちを作ってはいけない。戦争で人が死んでしまうのは悲しすぎます。

――繁子先生の最近の日常を教えてください。

大川：今でも毎日、登園しています。19時、20時くらいになると、園の中を見回ります。園の先生方は、12人ほどいて、毎日帰り際に、一日にあった出来事を話してくれるのです。嬉しいですね。

また、毎週木曜日のリトミックの時間は、ピアノを弾いて歌ったり動いたりしています。

リトミックに関しては、3歳から、リトミックを日本に紹介したプロダンサーの石井漠先生から教わりました。90歳を過ぎてからも、リトミックを習いに高崎市の教室に通っていましたね。打ち込めるものがあること、一生の習い事があることは素晴らしいと思います。

みなさんにも何かやりたいことがあったら、まずは挑戦することをお勧めします。何かを始めるのに、もう遅すぎるなんてことはありませんから。いつまでもわくわくする気持ちを忘れないことって、幸せじゃないですか。

園の運営に関しても、保育に関しても、根底にあるのは「まだまだ」と言う気持ちですね。次男である園長には、「園で一番勉強熱心なのは、繁子先生だね」と言われています。

いま、私は一人暮らしの気楽さを満喫しています。一番の関心事は、やはりずっとやってきた保育園の行く末。大きな望みをもったわけではないけれど、私の一生はこれで十分幸せでしたね。

足利市の教育委員をしていた頃、小学校の卒業式で、子どもたち一人ひとりにある言葉を贈っていたことがありました。

「名もない草も実をつける　いのちいっぱいに自分の花を咲かせて」（『にんげんだもの』より「自分の花」）という言葉、それは、足利生まれの詩人、相田みつをさんの詩でした。どんな形でも色でもよいから、自分なりの花を自力で咲かせてほしい、つまり、一人ひとりの個性を見つけてほしいという願いが私の保育・教育観と合致していました。

――ああ、素敵ですね。私も天台宗の大僧正・荒了寛さんの言葉（説法）の中で、人の一生を花にたとえた詩が好きで、手帳に書いて時折唱えています。

「咲くときは渾身の力で咲け　輝くときは命がけで輝け　人間の一生は短い」（『空即是色　花ざかり』より）

人生の達人、了寛さんの言葉に重みを感じていました。

大川：素敵な説法ですね。私は花が大好きで、白いユリが好き。赤いバラはもっと好き。花に囲まれた暮らしは素敵ですね。

私が60年の保育者としての経験から学んだことは数々あるのだけれど、基本的に子どもは大人や親の思ったようにはなりません。ときには暴力的になって、友達を噛んでしまったり、大泣きをして困らせたり……。子どもたちのいわゆる問題行動には、すべて目的があります。その行動の裏にどんな気持ちや意図があったのだろう、とまず真剣に考えてあげることが大事だと思うのです。

そんなとき、私は、そのような子どもたちの行動に対して、まずはプラスに捉えてみようと思うことにしました。感情をコントロールできない、自分の気持ちをうまく伝えられないとき、子どもたちはついそうした行動を取ってしまいます。そんなとき、噛むかわりにどうしたらよかったかを伝えたうえで、よしよし、意思が出てきたぞ、「おもちゃを取られたくなかったんだね」「お姉ちゃんのようにブランコに乗ってみたかったんだね」と。そういう意思の表れ、成長の軌跡だと思ってあげることが大切なのです。

こうしてプラス思考の保育をしてきた中で私が習得したことは、「人をゆるすこと」。「まあいいか」の気持ちです。こうした感情って、楽しくしなやかに生きていくうえでとても大切なことなのです。

　仕事でも趣味でも公の活動でも、なんでもいい。生きがいがあると、元気に長生きできます。小さな子どもが大きな成長を見せたとき、小さかった子どもが一人前になって園を訪ねてきてくれたとき、「ああ、なんて幸せなんだろう」と心から思います。それが、まさに私の生きがいなんです。

――長年、保育の現場で経験を積んでこられたからこそ、人間力を高めてこられたからこその心境ですね。楽しくしなやかに生きるために大切なことを学ばせていただきました。

　取材を終えて、園庭に出てこられた繁子先生と園長の真先生の写真を撮らせていただいた。95歳の繁子先生があまりにも若々しくて、次男の真先生と並ぶとまるでご夫婦のよう。「よく夫婦と間違えられるの」と笑っておられる。

これからもきっと、小保幼児生活団の基本理念である「子どもと対等な立場でいること」をモットーに、温かい目で「ほったらかし保育」をしていかれることだろう。帰りの両毛線に揺られながら、陽だまりのような温かい目をした繁子先生を思い出して心がほっこりした。

大川繁子（おおかわ　しげこ）／１９２７（昭和２）年9月1日、東京生まれ。栃木県足利市小俣町にある私立保育園「小俣幼児生活団」主任保育士。１９４５年東京女子大学数学科入学、翌年結婚のため中退。１９６２年小俣幼児生活団に就職、１９７２年に主任保育士となり、現在に至る。モンテッソーリ教育やアドラー心理学を取り入れた同園で、60年以上にわたり子どもの保育に携わっている。足利市教育委員、宇都宮裁判所家事調停委員、足利市女性問題懇話会座長などを歴任。著書に『92歳の現役保育士が伝えたい親子で幸せになる子育て』（実務教育出版、２０１９年）。

Samejima Sumiko

何事にも感謝の気持ちをもって接する習慣をつけると、自然と笑顔になる。日常の心のもち方が最も大切。

鮫島純子

（エッセイスト）

2022年11月16日　京王プラザホテル「樹林」にて

鮫島純子先生は、日本初の銀行や約500の会社を設立・育成し、約600の教育福祉など社会公共事業にも携わり、近代日本経済の礎を築かれた、かの渋沢栄一氏のお孫さんである。

その人は、凛とした佇まいで、都内のホテルラウンジに現れた。このところ立て続けにエッセイを出版され、大変お忙しい100歳のエッセイストを前に、しばし圧倒される。

——とても素敵なスーツですね。もしかして、手作りですか？　お胸の薔薇のブローチも素敵！

鮫島：ありがとうございます。若い頃から洋裁や編み物が好きで、習っていたことがあります。夫の私服や自分の着るものは、ほとんど自分で作っていました。最近はなかなか作れませんが、渋沢家の家訓でもある「質素倹約」を旨とし、「物を大切に」「もったいない精神」で慎ましい生活を心がけております。

――素晴らしいですね。このところご講演の依頼等で大変お忙しいようですが……。

鮫島：はい、最近あちらこちらから講演会に呼ばれているので、私のお話が少しでもお役に立てるなら、とお引き受けしています。有難いことですね。私がお話しできることといえば、ただひたすら、あらゆることに「ありがとう」という感謝の気持ちを表すことの大切さを説くことです。私の元気の秘訣のひとつは、「何事にも感謝して生きる」ことですから。

皆様も日々生かされていると思い、すべてのことに「ありがとう」という感謝の気持ちをもつことがとても大事なことなのです。それが、ひいては、世界人類の平和につながると信じています。「祈り」の気持ちです。

たとえ、自分にネガティブな事柄がふりかかってきたとしても、ですよ。ときにいやなことや逃げたい相手が現れたとしても、です。不平不満、愚痴や悪口などのマイナスの言葉は、波動が低く、自分の心を乱します。つらいことがあっても、自分を成長させてくれているのだと思ってすべてのことに感謝していると、マイナスの想いは消えていきます。乗り越えられたらまた感謝！です。

――確かに「ありがとう」という言葉は、よい波動を生みますね。

鮫島：そう思われますでしょう？　ひねれば出てくるお水にも電気のスイッチにも、そうそう、自然の摂理である排せつやトイレの流す水にも「ありがとう」の習慣をつければ、よいと思っています。私の「ありがとう」の対象は、「神様」「自然」なのです。

骨折をしてしまったときも病気をしたときも、失ったものへの恨みつらみではなく、今までの健康に感謝ですね。そうすればストレスにならず、早い快癒がのぞめますよ。

何事にも感謝の気持ちをもって接する習慣をつけると、自然と笑顔になりますよね。笑顔になること、笑うことでナチュラルキラー細胞という免疫細胞が活性化し、免疫力がアップするそうです。さらに、エンドルフィンという脳内物質が分泌されて、痛みが和らぐそうですよ。

——なるほど。笑顔でコミュニケーションが取れる相手とは、会話も楽しくスムーズに進みますね。心身によい効果が得られそうです。

鮫島：そう。笑顔の波動は、まわりの人にもよい影響をもたらします。笑顔で接することでまわりの人の気持ちも穏やかに明るく包み込んでいきます。

一方、昨今では物騒なニュースやテレビ番組も多いですが、私は観ないようにしています。そうした物騒な波動に影響を受けないように心がけております。日常の心のもち方が最も大切ですね。うわべをどんな美辞麗句で飾ったとしても、人間の魂に響くものは、やはり日常の心持ちです。自然と言葉や態度に滲み出てわかってしまうものなのです。

——純子（すみこ）さんというお名前は、お祖父様の渋沢先生がお付けになられたのですよね。

お名前の由来は、「純なるものなり」。渋沢先生の願いを受け止めていらっしゃる。

鮫島：はい。心の純度を保つ、自分の名前を書くたびに祖父の心に思いを馳せます。

よく、運が悪い、自分はついていないと思ってしまうことがあると思いますが、運ですら偶然やってくるものではなく、自分が呼び寄せているのだと思います。自分が不運な人間だと思えば、どんどん悪い出来事が起こってしまいます。

私には、3人の息子がおりますが、若い頃は子育てに追われ、一喜一憂していたことがありました。心配になってつい世話を焼きすぎて口やかましく言ってしまったこともありました。子どもたちの自ら成長しようとする力をなかなか信じてあげることができていなかったのだと思い、反省しております。

子育てにも人生にも悩んでいたとき、一冊の本と出合い、転機が訪れました。それからガラリと人生が変わっていきました。それが、祈りによる世界平和を提唱された五井昌久先生の本でした。

その本には、先程来私がお話ししてきました、よい波動――永遠の命の波動のお話が書かれており、子どもたちに伝えるべきことは、ポジティヴな考え方や平和を希求すること、世界平和を祈ることだと知り、モットーとして今日に至っております。この祈りの習慣は、40歳から実に60年間続けており、「世界人類が平和でありますように」と唱えることで、心が浄化できると信じております。

「百匹目の猿現象」はご存じかしら？

――はい、船井幸雄さんの著書にもありますね。九州・宮崎県の幸島（こうじま）で起こった現象ですね。一匹のメス猿が、ある日、餌のイモを川の水で洗って食べることを始めると、ほかの多くの猿たちも、それを真似して同じ行動をとるようになり、その数が次第に増え、一定数にまで達したとき、その現象を知るよしもない、遠く離れたほかの土地や島の猿たちもまた、次々とイモを水洗いして食べる行動をとり始めたという……。

鮫島：そうです。「世界人類が平和でありますように」という祈りは、今、世界中のあらゆる国の人々が行ってくださっています。大勢の人々の祈りの波動が大きな力となり、百匹目の猿と同様の現象を起こすには、ゆうに10万人以上の力が必要になるのです。それをぜひ実現させたいのです。我々一人ひとりの「祈り」や「思い」が社会や世の中を変えていけると信じております。

――お祖父様、渋沢栄一先生は、純子先生が10歳の頃に亡くなられましたね。生前のお祖父様との思い出はございますか？

鮫島：私が知っている祖父は、いつも穏やかで崇高で静謐な方でした。時折、孫たちが祖父の家に集まって夕食を共にすることがありました。和服姿で出迎えてくれて、よく孫たちの口に榮太樓飴を入れてくださったの。あれは、たくさんの孫たち一人ひとりを「平等に愛しているよ」と伝える表現だったのだと思います。私たち孫たちだけでなく、みんなに向けられた大きな人類愛みたいなものであったと感じます。

祖父の自宅には全国からいろいろな方が押し寄せていました。草の根で人と人との相互理解の大切さを訴え、国際親善、教育活動に熱心に取り組み、生活困窮者の相談にものっていましたね。困った人たちに金品を与えるより、その方の特性を引き出して、生きがいをもって働けるよう仕向けていました。そして「質素倹約」をモットーに、何事にも感謝の気持ちを忘れず、世界平和を祈っていましたね。

――はい、まさに渋沢先生は、日本の資本主義経済の父であり、実業界の父でもありました。また、「人はどう生きるべきか」「どのようにふるまうべきか」を考えるのに、中国の孔子や弟子たちの言行録『論語』は教科書的存在だったとお察し致します。渋沢先生は、菅原道真の「和魂漢才」ならぬ「士魂商才」、すなわち武士の精神と商人の才覚を併せもつことが大切であると提唱されています。精神ばかりに偏っていても「商才」がなければ経済上、自滅してしまう、ということですね。渋沢先生は『論語』を読まれて、社会で生きていくうえでの絶対の教えとされていましたね。

実は、純子先生と同じく、私の家にも祖父の部屋に、「人の一生は重荷を背負うて遠き道を行くがごとし」（徳川家康公の遺訓）という文言の掛け軸がかけられていて、その意味を幼い日、祖父から聞かされておりました。純子先生のお宅の居間にも、その文言の掛け軸が渋沢栄一お祖父様直筆でおありだったのですね。

鮫島：そうですね。父はその掛け軸を見て、常に唱えておりました。

徳川家康の遺した教訓『神君遺訓』と、孔子の『論語』はとてもよく符合しております。「過ぎたるはなお及ばざるがごとし」「不自由を常と思えば不足なし、心に望み起らば困窮したる時を思い出すべし」不自由なのが当たり前だと思っておれば、足りないことなどない。心に欲望が芽生えたら、苦しんでいたときのことを思い出すこと。耐え忍ぶことこそ無事に長らえることの基本である、というような意味ですね。これらは、身の程を知りなさい、という意味ですが、『論語』の中でも繰り返し述べられています。祖父はそのあたりのことを著書の『論語と算盤』の中で表現しておりました。祖父は、普段から『論語』を社会で生きていくための教科書にしていたのです。

もうひとつ大切なことは、良心と思いやりの心ですね。仕事に取り組むときは、なおのこと、誠実かつ一生懸命取り組まねばならないということです。と同時に、深い愛情がなければならないと言っております。
ちなみに、日本製鉄の副社長であった父は、祖父の栄一を「大人（たいじん）」と呼んでその生き方を尊敬・敬愛しておりましたね。

――なるほど。
ところで純子先生は、本当に姿勢がよいですね。ご自分の足でしっかり歩をすすめていらっしゃる。身体面の健康の秘訣は何でしょうか？

鮫島：「背筋を伸ばして緑の中を歩きなさい」と、台湾の家庭医学に精通し、西洋医学を日本で学ばれた荘淑旂（そうしゅくき）先生に教わりました。背筋を伸ばして横隔膜を上げて、体幹を意識して太ももの内側に力を入れてまっすぐ歩くのです。今はなかなか以前のようには歩けませんが、背筋を伸ばして散歩をするなど、常に姿勢を意識しております。
それと、一日のお食事の量も、朝3昼2夜1を心がけるようにしておりました。講演会などがあると、ついペースが乱れてしまいがちですが……。好き嫌いは全くございません。よく噛んで有難くいただいております。

お食事の前にも、手を合わせて「いただきます」を唱えます。太陽の光を浴びて育った野菜や穀物、お肉やお魚の命をいただいて、今日も私たちは生かされていると自覚するのです。もちろん作物を育ててくださった方や、お店で売ってくださった方、お料理をしてくださったすべての方々へ感謝の気持ちを込めて、です。そうすることで、言葉には魂が宿って、食事の幸福感が増していくのだと思います。

また、睡眠についても「質」にこだわっております。就寝前3時間は何も食べず、胃を空にして、6時間ほど熟睡するように心がけていますね。

——ほかには、たとえばご年齢を考慮されておやめになったことはございますか。

鮫島：車の運転ですかね。愛車に乗るのが大好きで、亡き夫との旅行や姑の送迎や買い物などに、雨の日も風の日も走り回っておりました。さすがに、95歳になったときに、息子たちに「はらはらするからもう運転はやめてほしい」と言われて、運転免許を返上致しました。でも視力や反射神経も正常、難なく更新できたのですけどね。

——それはすごいことです。でも、いくらなんでも、もう運転はご遠慮なさったほうがよいと思います（笑）。ほかにご趣味は？

鮫島：亡き夫の退職後、二人で「絵を描く」という共通の趣味を楽しみました。そもそも夫のゴルフの送迎などの合間に、花や景色をスケッチしていましたが、そのうち二人で絵画教室に通って本格的に習い始めました。絵を描くときは、物事をよく観察し、何を強調するかなど、頭を働かせるので、ボケ防止にもなるし、とてもよい趣味だと思いますね。

そもそも、私が本を出版したきっかけは、病床の夫を慰めようと描いたイラストだったのですよ。我が家は原宿に近かったので、当時戸外でよく見かけた「へそ出し」「ガングロ」の女の子たちを絵に描いて、説明したりしていました（笑）。そんなやり取りをずっと長い間しておりましたので、我が家には長い絵巻物ができあがっていきました。

夫が亡くなったのち、この思い出のスケッチを見て、昭和から平成の暮らしの変化を知るために有効だとおっしゃってくださる方がいて、初出版につながっていきました。水彩画とは別に水墨画もたしなむようになっていきました。

——先日、某ホテルで水墨画のお披露目をなさったとか……。拝見できず残念でした。ご著書の挿絵もご自身で描かれていて、とてもお上手でびっくり致しました。

鮫島：ありがとうございます。

——最近の若者に何かひとこと、いただきたいのですが。

鮫島：なんでもかんでもアメリカナイズされているのはどうか、と思うのですよ。特に言葉遣いが気になります。日本語にはきれいな言葉がありますよね。それを使うことで波動を上げていけると思うのです。ぜひ心がけていただきたいですね。

――これからおやりになりたいことはございますか？

鮫島：はい、自分の思った以上のことをやるように心がけております。自分のやりたいことに素直に従っています。

講演先で、皆様に「100歳になっても元気で楽しくいられるのを見ると勇気、希望がわいてきます」と言っていただけるのが一番嬉しいですね。こんな私でもお役に立てているのだと実感し、長生きしていることを有難く感じております。

また、我々老齢者は、できる限り若い人達のお荷物にならないように、次の地球を担っていく孫や曾孫たちのお手本になれるように努力すべきだと思うのです。心身共に健康で楽しい老後が送れれば、若い人たちの負担も減らせますから。

誰にも等しく「死」は訪れるものですが、肉体は生まれ変わり、死に変わりしながら「愛と調和の練習」をしていることを自覚して以来、死を前向きに捉え、「今をいかに生きるか」に目を向けることこそ、人生の最期を豊かなものにするのだと思うようになりました。目には見えない死後の世界を信じて、すべてに感謝して生きていくことが私に与えられた使命だと思っております。

そして、人生の最期については、自著『１００歳の幸せなひとり暮らし』（光文社刊）にも書きましたが、がんを患って自宅で闘病をしていた夫が、最期に「楽しかったよ、ありがとう」と言って、すがすがしく旅立っていった、その死に際の潔さをお手本として、私もいつかサバサバと旅立ちたいと思っております。「生き方は死に方に表れる」と申します。祖父も、最期は自宅で家族に見守られながら、静かに旅立ちました。私が数え年で10歳の頃のことです。微笑んだような死に顔は、まさに崇高で、静謐なものでした。

いま、私は一人で、あるがままに幸せに生きております。自分の人生の一コマ一コマを大切に、真心を込めて生きていこうと身を引き締めております。

対話を終え、すっくと席を立たれた純子先生は、また穏やかな笑みを浮かべて去って行かれた。長年にわたり「祈り」をささげてこられた後ろ姿には後光がさしているかのようだった。「利他の心」という言葉が、ふと心に浮かんできた。

平和な世界を希求することで、年を重ねて肉体は傷んでも、心は浄化され、幸せな心持ちでいられる、何かそのコツがわかったような気がした。

（後記）２０２３年１月19日、この取材の2か月後、鮫島純子先生はご逝去されました。ここに謹んで哀悼の意を表します。

鮫島純子（さめじま すみこ）／１９２２（大正11）年9月26日、東京生まれ。エッセイスト。祖父は近代日本経済の礎を築いた渋沢栄一。父は栄一の三男で実業家の渋沢正雄。女子学習院を卒業後、20歳で結婚。洋裁編物を習い、夫の私服、子どもたちや自分の着る物をほとんど手作りし、物を大事に長く使う工夫をするなど、質素倹約の暮らし方を実践。70代で水泳、80代で社交ダンス、90代でヨガを始めるなど、前向きに人生を謳歌する姿勢が多くの人を励まし、啓発している。著書に『１００歳の幸せなひとり暮らし』（光文社）、『97歳、幸せな超ポジティブ生活』（三笠書房）、『祖父・渋沢栄一に学んだこと』（文藝春秋）など。

Muroi Mayako

100歳を過ぎた今も、「これでいい」と思ったことはない。「もっと　もっと　もっと」と思う。「いま」を精一杯生きたい。

室井摩耶子

（ピアニスト）

2022年11月16日　室井先生ご自宅にて

閑静な住宅街にあるお住まいを訪ねると、摩耶子先生は艶やかな微笑みを浮かべて迎え入れてくださった。100歳を過ぎても現役ピアニスト。リビングには、2台の大きなグランドピアノ、居心地のよさそうなその部屋で、日々奏でているというピアノの音色が聞こえてくるかのようだ。

一世紀近く、鍵盤の上を飛び回ってきた摩耶子先生の手と指をじっと見つめた。

室井：手を出してみて。ピアノの鍵盤は「たたく」のではなく、「弾く」のよ。

（私の腕を取って、手首にそっと摩耶子先生の指が触れ、私の手首を鍵盤に見立てて、その指は軽やかに動き出す。）

室井：私はずっとピアノを弾いてきました。今もなお、一番の関心事は、ピアノを弾くこと。これに尽きます。ピアノを弾くときは緊張感が大切。ただ、最近は昔のように集中力が続かないのよね。だから今は、弾きたいときに弾くことを心がけています。

年を重ねていくと、何をするにも体力・エネルギーが要ることを実感します。だけど、私にとっては、自分が思っている以上にピアノがすべてだということに気がつきました。ピアノがなければ空っぽになってしまう。弾きたい！という思いはあるのだけれど、今は体がNOと言うの。だから、無理をしないで、弾きたいときに弾くことが大切。体が欲していることに従う、いわば「体調リベラリズム」というわけです。

――なるほど。摩耶子先生は今、お一人暮らし。2階でお休みになられていますよね。

室井：ええ、90歳目前で築80年の平屋の自宅を建て直したの。みんな、年をとったら危ないから1階にいたほうがいいと言うのだけれど、私の家は平屋だったから、どうしても2階建てに住みたい、2階で寝たいと思ったのね。年をとったら違う空間に住むのもいいかなって。

私はピアノに人生をささげてきたから、独身で一人だからこそ楽しめる生活をしたいと思うのです。70年以上、言わば「お一人様の専門家」だわね（笑）。

――さて、6歳でピアノを始められた摩耶子先生。東京音楽学校（現・東京藝術大学）を首席で卒業後、同校研究科を修了され、1945年、戦時中に日本交響楽団（現・NHK交響楽団）でソリストデビュー。その後、映画出演、1956年にドイツ・ベルリン音楽大学留学、世界各国でリサイタル開催。ドイツで、ついに「世界150人のピアニスト」に選ばれ、以後も数々の栄誉ある表彰を受けている、日本最高齢ピアニストというわけですね。59歳のときに、ご自身を深めるための地盤を固めようと日本に戻ってこられて、その後精力的に活動。2021年、名誉都民に選定されました。

今日までのピアニストとしての輝かしいキャリアは、20年以上暮らしておられたクラシックの本場であるドイツで磨かれたというわけですね。

室井：はい、本物を知ることの大切さを教えてくれたドイツは、私にとって第二の故郷ですね。ドイツに行ってよかったことは、自分の欲しいものが何であるのかがわかったこと。私にはピアノしかない、いえ、ピアノがある！と確信できたことです。

ドイツでのロマンスもありました。お城に住んでいる紳士に夢中になられたこともありましたが、やはり、ピアノとの両立は考えられず、お断りをしました。何より大切なのは、ピアノを弾きたいときに弾けることだったのです。

それと、ドイツで暮らしてみて、日本人にはない強情さが身についたかもしれないですね。「私は私」が大事。自分の考えをもつことが大事だとわかったのです。

ドイツの子どもたちは自己主張をすることを幼い頃から叩き込まれています。自分の言葉でしゃべることがとても大切と。そうした環境下で暮らしていると、おのずと自分が何であるのか、何故にここにいるのか、何をすべきなのかが明確になってくるのです。

しゃる。

――ドイツでのご活躍もご著書で読ませていただきました。本当に肝がすわっていらっしゃる。

室井：私がドイツにいたのは、東西冷戦の時代です。私の住んでいたベルリンも東と西に分断され、政治的な緊張のなかにありました。当時、ソ連（現ロシア）が西ベルリンを封鎖して、ソ連の占領下に置こうとしているという噂が流れたりしました。それを受けて、西ベルリンの人たちが、脱出して西ドイツのほかの都市に流れてしまいました。そうした緊張感のなか、東西の壁ができていましたので、なんと人間は愚かなことをしているんだと思っていました。

ドイツ語で「ムジチーレン（Musizieren）」――音楽をするという言葉があります。音楽語（する）、解釈（する）、音楽文法、演奏をつくるという意味で、ドイツでは、「音楽は、音がつくる詩であり、小説であり、戯曲である」という意味で使われています。「音楽をする」、すなわち、ピアノの音がものを言っている、音楽家と会話をすることがとても大事だと思ったのです。シューベルトやバッハ、ベートーヴェンの曲を私がピアノで弾いて表現するものが聴衆に響くことが「ムジチーレン」だと思いました。
　私は、今日まで、ドイツで学んだ、この「ムジチーレン」という音楽の本質を日本でもっと広めたいと思い、70歳を過ぎてからは、トークコンサートという表現形式にて、営為を見える形で具現化してきたと思っています。これは、ピアニストとしての使命感ですね。

――素晴らしいです。私も5歳頃から高校を卒業するまで、ピアノを習っていました。自宅には大きなピアノがあり、両親は、ピアノの先生になって、生計を立てていってほしい、と思っていたこともあったようです。が、年に一度の発表会のために、楽譜通りに間違えずに上手に弾くための練習を積み重ねることしかできなかった。その先の、ピアノを弾くことの本来の意義に触れたり、演奏を心から楽しんだり……というところまでには至りませんでした。

室井：それは残念。日本の子どもたちに先生方が音楽を教えるとき、何となくうまく弾ければいいとなりがちで、たとえば休符ひとつとってみても、なぜここで休符が出てくるのか、そもそも休符とは何かを真剣に理解しようとする姿勢が、日本の音楽には欠けていると感じますね。うまく弾くという技術ばかりではなく、曲に何が書かれているのか、何を伝えたいのかを読み解いてから演奏することが大切なのです。

たとえば、ベートーヴェンの「エリーゼのために」。ピアノを習っている子どもならたいていの子が弾ける曲ですが、最近の私のお気に入りなの。楽譜は作曲家の紡いだ物語。耳を澄ますと声が聞こえてきます。「エリーゼのために」を弾くことは、ベートーヴェンとのおしゃべりです。楽譜のベートーヴェンはいたって饒舌で、年を重ねるごとにベートーヴェンとの対話が増えていくようなのです。

私は何度も同じ曲を弾きますが、何度も読み込んだ曲でも毎回新しい発見があるのです。それが、私が音楽に魅了されてきた理由です。

——なるほど。何年も前、寝ないで練習していたピアノの音色を思い出しました。子どもの頃、もっと自分の弾いていた曲のことを考えることができていたら、ピアノを弾く楽しさを純粋に感じられていたら……などと考えてしまいました。

ところで、百寿のコンサートもおやりになった実にエネルギッシュな摩耶子先生ですが、70代で大きな病気をなさっておられます。その後も骨折などのおケガもされましたね。

室井：ええ。70代で肺がんを患いました。96歳のときには大腿骨を骨折し、手術とリハビリを余儀なくされました。大腿部もですが、膝のお皿を二度も骨折し、そのおかげで筋肉はこうついているのかなど、自分の体のことを学んだり考えたりすることができたのです。「ピアノを弾き続けたい」という一心で、病気もケガも克服することができましたよ。

そうそう、95歳で転んで、救急車で運ばれたときは、そばに誰もいなくて、しばらく転んだまま横になって見る空もいいものだなあと思って倒れていたの。「まあ何とかなる」ってね。街の住人が助けてくださいましたよ（笑）。

――まさに、強靭な精神力と体力、脱帽です。摩耶子先生のパワーの源は、そのポジティブでパワフルな考え方もありますが、無類の肉好きであることも影響しているかと……。

室井：はい、おっしゃる通り、間違いなく私は肉食人種ですね。ベルリン女子寮時代、まわりのパワフルな人たちを見て、「お肉を食べなきゃ！」と思ったのですね。今でも量は減っているけれども、毎日お肉をいただきますよ。お肉は、少々お高いのですが、フィレ肉が大好きですね。エネルギーのもちが全然違うのです。

朝・昼は自分で調理し、朝は、トーストにハム・ソーセージが主。肉以外でも旬のものを積極的にいただいています。お酒は飲まないですね。ドイツにいた頃から60年以上、こうした食生活を送っています。ずっと肉を食べ続けていても胃もたれすることもなく、内臓がうまく働いてくれるのは、健康に産んでくれた母親や先祖のおかげですね。

私の食の基本的な考え方は、「好きなものを好きなときに好きなだけ食べる」

ですね。ピアノを弾くことと同じで、「好きなこと、やりたいことをとことんやる」ことが、ストレスをためずに健康的にいられる秘訣になっています。

私は、それこそ先に述べた「体調リベラリズム」だと思います。人間は本来自由であるというのが「リベラリズム」なのですが、私のリベラリズムは「体調」です。「体が欲していること」に従うのが私なりの健康法なのです。

だから、規則正しく、決まった時間に寝て、決まった時間に起きることを誰もが勧めてくれますが、私の「体調リベラリズム」はそういうわけにはいきません。決めるのは、私の体だからです。起きていたいと思っても、体が「NO」と声をあげ始めたら、起きていられません。逆に、ピアノを弾いているときに、心も体ものっていれば、零時を回っても、鍵盤をたたいていることがあります。寝たいときに寝る、食べたいときに食べる、弾きたいときに弾く、これぞ私の「体調リベラリズム」です。

――ストレスをためないことが摩耶子先生の長寿の秘訣のようですね。先生は、苦しいこと、いやなことがあった際にはどうやって回避なさっておられるのでしょうか？

室井：もちろん、私にもそうしたときはありますが、人様と考えが合わないなというときは、その人はその人、私とは人種が違うのだと割り切って、さっと流すようにしています。くよくよ考えたりしない。何があっても「もういい、次に行こう！」と思うようにしています。

負の感情は、すべて「心の頭陀袋」に放り込んでしまえばよいのですよ。もう一つ、私はうそ偽りのない人が好きですね。もっと言うと、うそ偽りばかりの人から遠ざかることが大切だと思います。君子うそつきに近寄らず、です（笑）。

——なかなかそのような心境になれず、イライラしてしまうことがあります。修行が足りませんね（笑）。

摩耶子先生のすごいところは、日本に帰ってこられてから、102歳まで生きられたお父様を介護しながら、音楽を続けてこられたこともありますが……。

室井：そうね、つらいときもありましたが、私は、気持ちの切り替えがうまいのだと思います。

「老いては子に従え」という言葉があるけれども、私は、「老いては『個』に従え」だと思っているの。個の意思を貫いて生きることが大切なのですね。

そして、努力を惜しまず、前向きに生きること。１００歳を過ぎた今も、「これでいい」と思ったことはないですね。「もっと　もっと　もっと」と思う。「これから先」のことをあれこれ考えたこともありませんし、「これまでの私」を懐かしむこともありません。いつも目の前にあるのは「いま」です。「いま」の連続で私の時間はできあがっています。「いま」を精一杯生きること、今日の一日をもっと大事にしなければ、と思っています。

私は、「終活」なんていう造語は好きではありません。終活なんてしている時間があったら、私は今日という日をもっともっと大切にしたいと思いますね。

――今度生まれ変わったら、どんな人生を過ごされたいですか？

室井:生まれ変わったら、ピアノはやりつくしたと思ったけれど……、やっぱりピアノなのよね。よい評価をいただいても何か足りないものがあるとずっと思ってきました。困り果ててやめてしまいたいと思ったこともありましたが、気がつくとやはりピアノの前に座っている。私のピアノに終わりはないのです。

私は、6歳のときに「好き」を見つけましたが、私のまわりには、60歳、70歳になってから、本当の「好き」に出合う人もいます。人生にはいつ何時どんな出合いがあるかわかりませんよね。すなわち、私は何歳からでも「好き」に出合えると思っているのです。

85歳のときにブログを始めたのだけど、こういうものは若い人たちはできて当たり前なんだろうけど、私たちはできると嬉しいのよね。どんどん新しいことにもチャレンジしていかなきゃと思いますね。

また、私は日本の文化の中に独自の音色があると感じていて、言葉も響きも使い方も美しい日本語をこれからも大切に使っていきたいと思っています。日本語に表れている美しさは、日本社会の柔らかさ、居心地のよさにつながっているという気がします。

――まだまだやりたいことがおありなんですね。いくつになってもチャレンジ精神を忘れずに、自分らしく豊かに生きること、本当に素敵ですね。

室井：私は、まだまだ自分の力は伸びると信じています。たとえば、私の中で納得できるベートーヴェンのピアノ・ソナタ「熱情」が弾けるようになったのは、90歳を過ぎてからでしたから。未だに偉大な作曲家たちの譜面から新しい発見をさせていただいています。それに伴って、演奏も日々刻々と変わっていくのです。人間を深めないと、音楽も深まっていきません。だから今日も鍵盤に向かいます。これからも自分に正直に生きていこうと思っています。

すべてをやり切って「これだ」という境地に達するには最低200歳まで生きないとだめかもしれませんね。私、いつも言っているのです。「神様、私ね、まだまだやらなきゃならないことがあるから、もうちょっと向こう向いててね」って（笑）。

取材を終えて駅に向かう道すがら、私の脳裏にはずっと、ベートーヴェンのピアノ・ソナタや、ショパン、モーツァルト、ハイドンらの数々の曲の旋律がリフレインしていた。

１０１歳の現役ピアニストはまだまだ発展途上、今度はぜひ鍵盤の上で跳ねる指を見てみたい。大胆かつエレガントな摩耶子先生を見て、私は、おおいに勇気づけられた。

室井摩耶子（むろい まやこ）／１９２１（大正10）年4月18日、東京生まれ。6歳よりピアノを始める。１９４１年東京音楽学校（現・東京藝術大学）を首席で卒業し、研究科に進む。１９４５年、日本交響楽団（現・ＮＨＫ交響楽団）ソリストとしてデビュー。１９５６年、「モーツァルト生誕２００年記念祭」の日本代表としてウィーンへ派遣される。同年、ベルリン音楽大学に留学。以後は海外を拠点に13か国でリサイタルを重ね、『世界１５０人のピアニスト』に選ばれる。１９８０年に帰国。現役最高齢ピアニストとして活躍中。著書に『マヤコ一〇一歳　元気な心とからだを保つコツ』（小学館）、『毎日、続ける　97歳現役ピアニストの心豊かに暮らす習慣』（河出書房新社）など。

Tamagawa Yuko

長生きの秘訣は、くよくよしないこと。つらいこと、悲しいことはなるべく忘れて、物事をいいほうに解釈する。

玉川祐子

（浪曲曲師）

2022年12月13日　玉川師匠ご自宅にて

東京都台東区浅草の「木馬亭」にて、いまも現役で、浪曲の曲師として定席に出ている玉川祐子師匠、御年100歳。

ご自宅である公営住宅の一室を訪ねると、洒落た着物姿で颯爽と現れた師匠の傍らには浪曲師の若手エース、弟子の港家小そめさんが来ておられた。月に数回、稽古をしに祐子師匠のもとに通っているという。

少々耳が遠くなってしまったから、時折、小そめさんが師匠の耳元で拡声してくれる。失礼を承知で言えば、おばあさまとひ孫のような微笑ましいお姿の二人を前に、和やかに話が始まった。

本題に入る前に……、浪曲は、落語、講談と並ぶ伝統話芸のひとつで、今から800年も前に、大道芸として始まった。主に七五調で演じられ、聴衆の泣き笑いの感情を揺さぶってきたと言われている。落語は、「噺（はな）す」、講談は「読む」、浪曲は「語る」芸能。三味線入りで語る浪曲は、日本国内の大衆に広く愛されて、ときに義理人情を重んじた言動や考え方は、「浪花節（＝浪曲）のような」と形容されてきた。

その「浪曲」だが、声を出す「語り」を演ずるのが「浪曲師」、浪曲師がうなりやすい（語りやすい）ように、三味線を弾くのが「曲師」の仕事である。

——素敵なお着物ですね。いつもそのようなお着物をお召しになっているのですか？

玉川：いやいや、今日は取材ですから、気合を入れたのよ。私は毎日とても元気で、悪いところはどこもないのよ、ここ（頭をさして）以外はね（笑）。

記憶力も抜群なの。京浜東北線や高崎線、宇都宮線の駅名を端から端まで全部言えるのよ。山手線の駅も全部。先日も寄席でお客さんに「じゃあ言ってみろ」って言われてね。ばーっと言ってやったら、呆気にとられてた。でもお客さんが笑ってね、「あはは、一駅抜けたよ」って勝ち誇ったように言う。なんと、田町と品川の間に「高輪ゲートウェイ」ができたんだってね（笑）。

――人気者なんですね、師匠。

普通、舞台の中央には、浪曲師ごとに異なる「テーブル掛け」の掛けられたテーブルがあり、向かって右に衝立、曲師はその後ろに隠れて三味線を弾くものですが、祐子師匠と小そめさんの出演のときは、衝立をはずしていると聞きました。

玉川：そうねえ、衝立を外したのは、たまたま撮影が入ったからでしょう。

夫でもあった玉川桃太郎が亡くなるまで、二人でやっていたんだけど、その後は、この小そめ（祐子師匠の親友、五代目港家小柳さんの忘れ形見）の三味線を弾いていいますよ。

――さすが、曲師の第一人者だけあります。観客は、小そめさんとの共演、掛け合いの真剣勝負が見たいのでしょう。特に、100歳の師匠のお姿を見て、みんな元気をもらえるのでしょうね。

私の祖父は浪花節が大好きでした。小さい頃、祖父の部屋からレコードが聞こえてきて、わからないながらも祖父がうなる節回しがかっこよくて、記憶の底に残っています。

玉川：私はね、本当は浪曲師になりたかったの。私の家は極貧で、小さい頃、子守奉公に出されてね、呉服店の子どもの子守をしているときに、その家の隣がレコード屋で、名調子の浪曲が聞こえてきて、それを聞くのが本当に楽しみだった。いつか自分も浪曲師になって、親に楽をさせてやりたいと、子ども心に思ってね。親に頼み込んだ。

男1人女5人の6人きょうだいの2番目だったから、「私は死んだものと思って、東京に行かせてください」って親に言って、17歳で上京したんだよね。いとこが錦糸町にいたので、そこに泊めてもらって、まずは、一番好きだった浪曲師、当時人気絶頂の二代目廣澤虎造を訪ねた。彼の「清水次郎長伝」は絶品だったよ。

が、「女の子はとらないよ」と門前払い。それで、仕方なく、虎造を擁する浪花家興行社（浪曲を手がける興行会社）に戻って紹介されたのが、鈴木照子師匠だった。鈴木照子師匠は、少女横綱、天才少女として、当時、絶大な人気があったの。本当に尊敬できる人格者だったのよ。

そうして、私より3歳年下の照子師匠に弟子入りして、１９４１年1月に「鈴木照千代」としてデビュー。当時、照子師匠には女弟子が3人いたんだけど、残念ながら私だけ声が硬くて、こぶしが回らないから、三味線弾きの曲師になった方がいい、と言い渡されてね。師匠の言うことは絶対だから……。しばらく浪曲師と曲師の二足のわらじを履いていたのだけど、そのうち需要の多い曲師1本になっていったね。当時、曲師不足だったから、三味線の調子が取れるようになったら、あちこちから声がかかるようになって、そうやって腕を磨いていったんだよね。

それが、私を今日まで曲師にしてくれたいきさつというわけ。

――なるほど。最初は浪曲師になりたかったのですね。

玉川：当時は、後に北関東一帯の興行を手がける二代目廣澤虎造、寿々木米若、天保水滸伝で一世を風靡した二代目玉川勝太郎が三大スター。

浪曲は外題付け（歌い出し）で決まると言われているけれど、大事なのはウレイ（愁嘆）節。泣くような気持ちにならないと哀しい節はできないんだよね。だから、気持ちを込めながら弾く。浪曲師が歌うときだけ弾くわけじゃなく、「啖呵」といって、普通の台詞や地の語りのときにも弾くんだよ。

言葉に合いの手を入れるような形で、絶えず三味線は鳴っているのよね。

ひとつ、お聞かせしようかなあ。


（目の前で、祐子師匠がうなってくれた。後に出てくる再婚相手、桃太郎師匠の十八番「越の海勇蔵」である。）

玉川：曲師の仕事はね、華麗な音色で三味線を弾くことがいいわけじゃない。浪曲師のうなりやすいように背中を押すことができないとだめなんだよね。歌の伴奏であり、ＢＧＭであり、効果音であり、浪曲師の語りに対する相槌の役割もこなすわけですよ。

特に「ウレイ」は肝だね。浪花節で一番いいのはウレイ。泣くシーンなんだから、ちゃんと泣かせるようにしなきゃだめ。三味線だって泣いている気持ちでやってるんですからね。浪曲師と曲師は二人三脚、気持ちをひとつに合わせて一体にならないといけない。

（傍らの小そめさん曰く、「祐子師匠は、もともと浪曲師をやっていたことが生きていますよ。浪曲師の背中を押すのが実にうまい。そしてすごい気迫を感じます」）

――先程師匠の口から出ました桃太郎師匠とのことをおうかがいしたいです。師匠のご著書『１００歳で現役！　女性曲師の波瀾万丈人生』（２０２２年8月　光文社刊）を読んで、まさにタイトル通りの波瀾万丈人生に驚きを禁じ得ませんでした。14歳で奉公に出た後、浪曲師を目指して上京・入門。18歳で初舞台。巡業生活、結婚、子どもの死、夫のＤＶ、離婚、53歳で妻子ある人（桃太郎師匠）との大恋愛、再婚。死別、そして２０２２年、満１００歳をむかえ、未だ現役の曲師……。

玉川：困ったねえ。そんな話をするのかい？　桃太郎師匠とは、芸を一緒にやってきた浪曲師と曲師の間柄、息がぴったり合っていたんだろうね。

当時、私は、前夫との間に4人の子どもがいてね。長男は赤痢で、末っ子（三男）は、癌で幼くして亡くなってしまったんだよ。4歳のときに舞台に立って歌を歌って、いっぱしのスターだった。その子の首にできものができて、癌になって7歳で亡くなった。宗教に頼ったりしたけれど、やはり救ってやることはできなかった。今生きていたら六十幾つだね……。いまは、近くに長女と次男がいるよ。

彼らの父親はね、働き者だったけど、やきもち焼きで気性が激しかったんだ。あるとき、けんかをして細紐で首を絞められたことがあってね。会社社員がたまたま一人残っていて助けられ、九死に一生を得たというわけ。そのあと、いろいろあってね、前夫との仲が決裂して、私が出ていくことになった。姉の家に身を寄せて、その後一人暮らしを始めて、苦労したけれど、ずっと曲師はやめなかった。内職をやって、やっちゃ場（青果市場）にあった喫茶店で働いて、その後浅草まで行って三味線を弾く生活。なんとしても生き抜くという意地で働き続けたんだよね。

そして、当時コンビを組んでいた、桃太郎師匠と恋愛関係になってしまったの。そのとき、師匠には奥様がいらしたから、その奥様からすべてを奪ってしまった……。その罪の意識はずっと消えないね。師匠は52歳のとき、私は53歳のときだった。

それからずっと、私たちは二人でコンビを組んで、私は相三味線を弾いてきたんだよ。


――ずっとずっと、師匠は女なんですね。

それにしても、壮絶な生き様、浪曲師も曲師も自分たちが語る浪曲の筋以上に波瀾万丈な人生を送って来られた気がします。

玉川:桃太郎師匠が91歳、私が92歳のとき、舞台でコンビを組んでいる現役芸人という触れ込みで、当時の雑誌に取り上げられたんだよね。桃太郎師匠は、私との出会いを「定められた運命」と言ってくれて……。対して、私は、「この人と一緒になって幸せ。だから一日でも一時間でもこの人の後に死ななくちゃ。好きな人と一緒に好きな三味線を弾いて暮らしたい」なんて言ってたね。このインタビュー記事が掲載されて間もなく（２０１５年）、桃太郎師匠は腎不全で亡くなってしまった。

――でも、40年以上一緒にコンビを組んでこられて、祐子師匠の願いは、立派にかなえられたわけですね。

（祐子師匠は立ち上がって、桃太郎師匠の写真を貼ったアルバムを見せてくださった。さすが、人気浪曲師、なかなかの男前。振り返ると、背後の壁のど真ん中にも写真が飾られていることに気づく。）

玉川：私はね、いま、一人暮らしだけど、何ひとつ不自由はないね。小そめが時折、稽古をしにやってきて、世話をしてくれるし、月1回の木馬亭での出番もまだある。

目標はもてないけど、一日一日を大切に生きていきたい。他人に迷惑をかけず、毎日健康でいることが大事だよね。

本も好きだから、よく読むよ。ただ読んだそばからすぐ忘れちゃうんだ（笑）。だからまた読み返すんだよ。新聞にもすみずみまで、目を通すよ。読むといろいろ勉強になるんだよね。

食事だって嫌いなものは何もない。生まれは茨城なので、水戸納豆が大好き。大根を干して納豆に混ぜて食べるんだ。全体的にバランスのとれた食事を心がけているつもり。

身の回りのことも全部自分でこなすよ。掃除、洗濯、食事の支度、買い物、すべてね。たったかたったか、娘時代と同じで、速足で歩けますよ。

木馬亭に出かけるときは何も食べないね。一日くらい食べなくても死ぬようなことはないよ（笑）。

――すごいですね。そして、師匠の趣味は編み物だとか。

玉川：ええ、自己流だけど、なんでも編めるよ。今度毛糸玉もってきたら編んであげる。椅子のカバー、手袋、靴下、マフラー、なんでもＯＫ。そうそう、これは三味線の「指すり（指掛）」。滑らないように指にはめるもので、買うと１３００円もするんだよ。みんなの分も作ってさしあげるんだ。「やってあげる」んじゃなくて、「させてもらえる」ことが私の幸せなんだよね。よく長生きの秘訣を聞かれるけど、あまりくよくよしないことだねえ。つらいこと、悲しいことはもちろんあるけれど、なるべく忘れて、物事をいいほうに解釈すること。それと、感謝の気持ちを忘れないこと。

――はい、恐れ入りました。その通りですね。師匠は、今度生まれ変わったら何になりたいですか。

玉川：そうね、芸人としての自分に満足していないから、まだまだ浪曲をやりたいね。今度は浪曲師になりたい……かな？
とにかく、人にやさしく。人間は、聖人君子になれるまで頑張ることだね。

他人にやさしくすることで、自分も幸せな気分になれるじゃない？　それがいいよね。

今の若い衆に言いたいのは、「いつまでもあると思うな、親と金」ってこと。芝居だろうが歌だろうが浪曲だろうが、観て聴いて真摯に勉強するのが大事だね。

先日、妹が加賀屋（能登の旅館）に行こうよって誘ってくれたから、行ってみたいねえ。まだまだやりたいことがたくさんあるからねえ。

取材を終えて帰ろうとすると、祐子師匠は、私のバッグに甘いみかんやお菓子をたくさん入れてくれ、そして、玄関先まで出て見送ってくださった。建物の階段を降りて見上げると、小そめさんと二人で手を振っている。気遣い、やさしさがあふれた祐子師匠、元気溌剌の人である。

芸がいのちの現役曲師、それこそ命の続く限り続けていってほしい。

年が明けたら、木馬亭に、息がぴったりの二人の芸を見に行こう。

長生きの秘訣は、くよくよしないこと。つらいこと、悲しいことはなるべく忘れて、物事をいいほうに解釈する。

玉川祐子（たまがわ ゆうこ）／１９２２（大正11）年10月１日、茨城県生まれ。師匠は鈴木照子。小学校を卒業後、子守の奉公に行き、隣のレコード店から浪曲が流れてくるのを聴いたのがきっかけで、１９４０年、17歳のときに入門。浪曲師として初舞台は１９４１年、三ノ輪の三友亭。入門当時の芸名は「鈴木照千代」。１９４２年、曲師に転向後は「高野りよ」で活動。玉川桃太郎と結婚後、「玉川祐子」に改名。１００歳を超えた今も、東京・浅草の木馬亭の舞台に上がり現役を貫いている。著書に『１００歳で現役！　女性曲師の波瀾万丈人生』（光文社）。

Miura Yuichiro

ひとつの頂上に達したら、また次の頂上を目指したくなる。あきらめなければ、いつか夢の頂上に立てる。

三浦雄一郎

（プロスキーヤー・冒険家）

2023年2月3日　北参道の事務所にて

世界七大陸最高峰のスキー滑降を完全達成、2003年70歳、08年75歳、13年80歳でエベレスト登頂に成功……等々、誰もが知る登山家であり、日本随一のプロスキーヤーである三浦雄一郎先生を訪ねた。通された2階の事務所には、ぎっしりとご著書と冒険譚や山に関する本があり、美しい氷雪の山の写真がずらりと並んでいる。

そこに三浦先生が杖をついて、威風堂々と登場されたことにドキッとする。

三浦：３年前に病を発症して脊椎損傷、後遺症として両足麻痺、手も少々麻痺してしまいましたが、手術してのち、今は週２回ジムに通い、マッサージや体操をしてリハビリに励んでいます。家でも週３回マッサージをして、３階に住まいがあるので、階段の昇り降りなど、よい運動だと思って頑張っていますよ。

大丈夫。まだまだ登りたい山がありますからね。

日常的に北海道にいるので、今は、リハビリをする日以外は、息子たちのサポートを得て故郷の手稲山の山頂から滑り降りたりしています。

――手稲山といえば、第11回冬季オリンピックの会場でもあり、大正時代には北大スキー部が山スキーの拠点のひとつとして建てたパラダイスヒュッテと呼ばれる日本最古のスキー小屋があったと聞いています。今でも年間100万人を超えるスキーヤーが訪れる冬スキーのメッカだとか。

何度も危機に直面され、ケガをされたりしながら、90歳になられた今でも、前向きにチャレンジされている。素晴らしいですね。登山、スキーなど私には無縁の世界ですが、そのがっしりした体躯を維持してこられたのは、若い頃からのトレーニングの積み重ねとバランスのよい食事なんでしょうね。

三浦：主に筋力向上のために、20kgのザックを背負って、10kgの鉄アレイを両手にもってスクワット100回等を励行していましたね。トレーニングというよりは、日常生活の中で、普段履いている靴に金属の重りを入れたり、足首にアンクルウェイトを巻いて歩いたり、重いザックを背負って歩いたりするのですね。それが自ずと我が身を鍛えることになっている。

僕は、60代で一度メタボリックシンドロームになってしまった。それを治したいという一念で日常生活を改めましたね。自分の経験上、人間はいくつになっても体は変えられると思っています。

健康法としては、ウォーキングとストレッチ、早寝早起き、ラジオ体操、バランスのよい食事などの日常生活でやる「守る健康法」はもちろん、負荷をかけたトレーニングである「攻める健康法」があると思っています。あとは随時、病気やケガをしますから、それとの闘いですね。

実は70歳を過ぎてから、心臓の手術を7度も経験しているのです。80歳でエベレストを目指したときも準備中に骨盤・大腿骨頚部骨折をし、直前には不整脈手術をしているのですね。まわりからは登山を延期するように言われましたが、信念でチャレンジをし、成功させました。そうそう、何度も死にかけていますから、この年までやってこられたのも、普通では考えられない運のよさが味方しているのも事実ですね。

とにかく僕は、たとえ病気やケガをしたとしても、治る楽しみがあるじゃないか、と前向きに考えるんですね。


――何とポジティヴなご発言。本当に恐れ入りました。

食事の方はいかがでしょうか？　特に気をつけておられる点は？


三浦：食事は、普通においしく、なんでもいただいています。適当にビール、日本酒。家内がワインも好きだから外ではワインもいただいてますよ。納豆も好きでよく食べています。サバ缶に卵を割り入れて納豆を入れてかき混ぜて食べる。全体的にタンパク質と野菜多めの食事を心がけていますね。

もちろん、肉も大好きで、週に2～3回は食べますが、やはり一番食べるのはサバ缶ですかね。

山登りの際は納豆の干したものをもっていきます。干し肉、鮭トバなどの干物、干し魚、エベレストには海産物を山ほどもっていきました。

とにかく、しっかり食べて、ぐっすり眠ることが大切です。

――一番印象に残っている山は？

三浦：やはり、世界最高峰のエベレストですね。エベレストはスケールが違う。70歳で登頂成功してから5年後の75歳、そのまた5年後の80歳でもチャレンジして成功した。毎回登るたびに同じ景色に出合えることが感動でしたね。

今でも夜眠れないときなどは、エベレストに登ったときの感触をずっと思い出しながら、歩いているんですよ。本当に楽しい思い出ですから。山頂から見たあの景色を何度でも見たいと思う。景色を見るだけでも素晴らしいのです。

――ときに、登山では、これ以上は危険！と思ったら、頂上がすぐそこに見えていても、引き返す勇気が必要とうかがっています。

三浦：そうですね。ここから先に行ったら生きては帰れないという境界線があるのです。本人の体調だったり、天候だったり。引き返す勇気が必要です。それを次のチャレンジに活かせばよいのです。自分だけで登っているのではないので。一緒に行っている仲間たちのためにも英断は必要。エベレストに登ったときは、サポーターのリーダーが次男の豪太でした。長男の雄大もベースキャンプで通信係をやってくれて、家族総動員で登頂に成功することができました。
　長女の恵美里は、僕の挑戦を支えるマネジメント活動全般を担ってくれている三浦家の司令塔なのです。僕の70歳でのエベレストへの挑戦をきっかけに、家族みんなが集まって仕事をしてくれるようになったことはとても嬉しいことでした。ほかにも僕には、ビッグチャレンジをするときは、まわりに実力のあるサポートチームがついてくれています。もちろん、技術力、体力、経験値に加えて、チャレンジを可能にする方法やシステム、事前準備を完璧にすることが必要です。

——なるほど。とてつもない壮大な計画なのですね。そしてもう御一人の最良のパートナーが奥様というわけですね。

三浦：確かに、彼女は肝っ玉母さんだねえ。毎回死と隣り合わせの冒険をしているけれど、文句を言われたことはないですね。成功して帰ってきても、うまくいかず引き返してきたときも、態度は同じ。何も聞かないね。

彼女も若い頃は、北海道で一、二番の女子スキー選手だったのです。全日本選手権で3位に入賞したことも。自分がスキーで身を立てると決めて無職になってしまった頃に結婚したのですが、肝が据わっていましたね。二人でオリンピックに出場しようと練習に明け暮れていたこともありましたが、いろいろあって東京に出てきて、僕はスキー用品・登山用具を扱う会社に入社し、日本で最初のプロスキーヤーとして身を立てていきました。

——そうですね。1961年、三浦先生は、29歳のとき、日本で最初のプロスキーヤーとなられました。きっと、ここまで来られたのは奥様の精神的な支えがあってこそだったのでしょうね。奥様の思いも若い頃からずっと一緒。きっといつもどの山に登るときもお互いに心から信頼しきって見送られ、登っておられたのでしょうね。

さて、もう少々、幼少期のお話を。

三浦：父・三浦敬三は、北海道帝国大学スキー部出身で、若い頃から山岳スキーをやっていて、日本のトップクラスにいました。青森県営林局（現・林野庁森林管理局）に勤めていて、彼は八甲田山が好きでしたね。冬になると樹氷や雪の大斜面をしょっちゅう滑って、登山道、スキールートを開拓しました。山岳写真の分野でも名を馳せていて、質のよい紀行文も書いていた。また、彼は99歳でモンブラン山系のバレーブランシュを滑降し、101歳で亡くなるまでスキーをしていましたね。

驚くべきは、父は90歳から99歳の間に3回もスキーとトレーニングが原因で骨折しているのですが、それも克服して、モンブランの滑降を成功させたこと。とにかく自分が興味をもったものは、道具にも技術にもとことんこだわった人でした。

――すごいですね。なるほど、そんなお父様を間近に見ていらっしゃったわけですね。

生きる目標がはっきりしていれば年齢は関係ない！

三浦：その父に僕は幼い頃、子ども用スキーを作ってもらい、それを履いてよく山スキーをしていました。蔵王などによく連れて行ってもらったものです。が、僕自身は、父親からスキーをこんなふうに滑れなどと教わったことはなく、いつも目の前で滑って模範を見せてくれていたように思いますね。

中学3年間は東京に、中3の夏に青森に引っ越して、スキーの滑降競技で優勝し、高2で全日本選手権滑降で2位になりました。北海道大学に入学してからは本格的にスキーをやろうと志し、卒業後はスキーで身を立てようと思い、当時はあまり知られていなかった山岳スキーでプロのスキーヤーとして名前が知られるようになっていきました。

――そうやって、「登山家・プロスキーヤー　三浦雄一郎」ができあがっていったわけですね。先生にとっての座右の銘はありますでしょうか？

私は、イギリスの登山家ジョージ・マロリーの「なぜ、山に登るのか。そこに、山があるからだ」という名言を思い浮かべるのですが、まさに彼のいう山とはエベレストだったわけですよね。1920年代当時、まだ誰も登ったことのないエベレストに登りたくなるのは当然、という意味だったと聞いています。

三浦：そうですね。冒険家、登山家の夢は、限界に挑み続けること。チャレンジすることは人間にだけ許された特権なのですよ。座右の銘は、「夢いつまでも」ですね。僕は希望の灯を燃やし続けている。自然に身についた心情です。「夢」は「山登り」と同じで、ひとつの頂上に達したら、また次の頂上を目指したくなるものです。僕はドキドキワクワクするのが大好き。未知なる挑戦への好奇心が次から次へと湧いてくるのです。

――先生にとっては、次々と新たな目標を立てて挑まれること、そのために心身共に鍛えることが生きる糧になっておられるのですね。冒険とは、先生にとって何なのでしょう。

三浦：冒険とは、自分にとって未知の世界にチャレンジすることです。山であれば垂直、南極・北極であれば水平方向にチャレンジしていくことですね。特に、「山」は超えてみたい場、チャレンジする象徴として存在しています。「あきらめなければ、いつか夢の頂上に立てる。だめだったらやり直せばいい。夢いつまでも」です。

――ありがとうございます。いま、当面の目標とされていることは何ですか？

三浦：もう90歳ですから、同級生、友達はほとんど死んでしまった。生きているだけもうけもので、あとはどう人生を楽しめるかを考えていますね。ただ、僕にはまだまだ登りたい山がたくさんあるのです。

目標は、4年前に断念した南米最高峰アコンカグア（6961m）に再挑戦することですね。山頂を目前にして、ドクターストップがかかってしまったので。アコンカグアは、1985年53歳のとき、世界七大陸最高峰スキー滑降挑戦最後の山として登頂したこともあり、スキー滑降も成功させている山です。

アコンカグアという山は、タフな一流の登山家もあこがれる山のひとつですから、90歳を過ぎて登れるかどうか……。山そのものよりも、今度は年齢に対するチャレンジになってきましたね。

そのためには、まずは秋頃から登山準備、富士山あたりからならしていかなければ。「富士山」は、僕にとっては、世界に挑戦する足場になっていますから。

――生まれ変わったら何になりたいですか？　やはり登山家、スキーヤーですか？

三浦：自分のたどってきた人生も非常に楽しかったし、もう一回やってもいいなあと思います。そうそう、前にジェット機（戦闘機）のパイロットの隣に座って、空を飛ぶことを体験させてもらったのですが、僕にとっては、全く異次元の世界の体感でした。こちらも死と隣り合わせでしたが、あの興奮は忘れられないですね。生まれ変わったら、戦闘機のパイロットもいいですね。『トップガン』のような（笑）。

――なるほど。どちらも危険と隣り合わせ。やはり、冒険家は志が違いますね。本日はありがとうございました。

「年齢」という新たな限界に挑み続ける三浦先生。そこにチャレンジすべき山があるから登ろうとする。この「生きる力」、「生きようとするエネルギー」には本当に勇気づけられた。夢に向かって、益々の高みにチャレンジしていかれるのだろう。夢よいつまでも……。

三浦雄一郎（みうら ゆういちろう）／1932（昭和7）年10月12日、青森県生まれ。プロスキーヤー、冒険家。1966年富士山直滑降。1970年エベレスト・サウスコル8000m世界最高地点スキー滑降を成し遂げ、その記録映画『THE MAN WHO SKIED DOWN EVEREST』は第48回アカデミー賞長編ドキュメンタリー映画賞を受賞。1985年世界七大陸最高峰のスキー滑降を完全達成。2003年次男・豪太と共にエベレスト登頂、当時の世界最高年齢登頂記録（70歳7か月）樹立。2008年75歳2度目、2013年80歳3度目のエベレスト登頂世界最高年齢記録更新を果たす。記録映画、写真集、著書多数。

Sugiura Hammo

「絵」に間違いはない。絵は自由で、やりたいように描きたいように描けばよい。

杉浦範茂

（イラストレーター）

2023年2月10日　杉浦先生ご自宅にて

ご自身の描かれた絵のプリントをしたトレーナーを着て現れる杉浦範茂先生。私が以前勤務していた児童書出版社で何冊も本を出され、大変お世話になった日本を代表するイラストレーター、デザイナー。

グラフィックデザインでは、日宣美展奨励賞、毎日広告総理大臣賞などを受賞される一方、児童図書のイラストレーションでも、独特な作風で一世を風靡。日本絵本賞、小学館絵画賞をはじめとする数々の受賞作品があり、一連の絵本作品に対し、芸術選奨文部大臣新人賞、紫綬褒章も授与されている。ともかく日本のデザイン界をリードしてこられた重鎮なのである。

ご自宅におじゃまずると、開口一番、「今日は、まだお見せできるものはないよ。もう少し待って」と、原稿を取りに来た編集者と間違えておられるよう。いささかとぼけておられるのが、また愛らしい。もしや警戒されましたか？

原稿を取りに来たのではない、とわかると、書斎に通され、相好を崩して語り始められた。

杉浦：鶴見正夫さんとの絵本作品『ふるやのもり』（フレーベル館）で、1979年、小学館児童出版文化賞をいただいた。お世話になったねえ。40年以上も昔です。

――はい、その頃はまだ私は入社しておらず、大先輩の編集長諸氏が頑張っておりました。『ふるやのもり』は、泥棒と狼がある家に忍び込んで、おばあさんが言う「泥棒よりも狼よりもこわいふるやのもり」という恐ろしいものに怯えるというお話。古い家の雨漏りのことなのに。実に滑稽な、大好きな寓話です。

このお話を担当したわが社のS氏、T氏を覚えていらっしゃいますか？

杉浦：もちろんですよ。僕は大の遅筆家で、当時は本当にご迷惑をおかけしていましたね（笑）。

有難いことに、まだこの年になっても、デザインやイラストを頼まれてやっていますが、今も遅筆は当時と変わらないです……と言いたいところですが、さらに病状は悪化して遅々筆と言うべき状態になっているかもしれませんね（笑）。編集のみなさんにご迷惑をかけております。今日あたり催促に来られるかもしれぬ……と。

——なるほど。それで先程は、警戒されておられたのですね（笑）。当時のことを覚えてくださっていて、嬉しいです。

杉浦：あはは。とにかく、遅筆なんだよね、僕は。ちょっとしつこかったかな？描き始めたら楽しいのだけれどね。

司修さんと、文章と絵とどちらが楽かという話になってね。僕は断然、絵の方が楽だと思うと言ったのですよ。「絵」は、そういう意味では、間違いってないでしょ。こう描かなければならないっていうのがない。文章は、掘り下げれば掘り下げるほど、つらくなってくる気がしますね。その点、絵は自由で、やりたいように描きたいように描けばよいから楽しいね。デザインをするときは、深く考えることが多いんだよね。絵は集中して描いていますよ。どんなにうるさい音がしていても、耳に入ってこないほど集中していいます。色を塗っているときなどは、恍惚として、何も考えないね。ときには、ラジオドラマを聴きながら、色を塗ったりしています。

そして、いいアイデアが浮かんだときは、本当に嬉しいものです。ただ最近は、年のせいか、なかなかアイデアが出てこないね。根気も続かなくなってきた。

画業に関していえば、絵はいつでも描けるが、アイデアが出てこないときは不安・怖さがありますね。スランプのときに切り替える、リフレッシュできる方法はないかとよく聞かれますが、思いつかないので、あれば教えてほしいねえ。

それとね、油絵を大きなキャンバスに描く人は、立って描いたり、少し離れて眺めたりするでしょ。だから体力がついている。足腰が丈夫なんだね。僕は、ずっと座って描き続けていたから、足が弱ってしまった。足を組んで仕事をしていたら、右足がどんどん衰えてしまって。一時期、1キロくらい離れたところにある駒沢オリンピック公園まで徘徊していたのですが……。もっと体力をつけないといけないね。

——いま、健康のために何かおやりになっていることは？

杉浦：ふむ、特にないですね。妻が作ってくれるものを食べ、仕事の依頼をこなしていますよ。肉より魚が好きですね。

若い頃から、虚弱体質で、ぜんそくもちだったのです。小児ぜんそく、つらかったね。大学に入る前には、浪人中に肋膜炎にかかり、3か月の絶対安静。その後療養も含め、4年間も浪人してようやく東京藝大に入りました。しかし、いま考えると、よい経験でしたね。

絵を描くことを生業としたいと思うようになったのは、藝大に行き始めてからですけど、浪人中は、新聞や雑誌に投稿ばかりしていましたね。小学生の頃、

「火の用心」とか「防災デー」とかのポスターの募集があって、よく入選したりしていました。当時から絵はうまかったんだねぇ（笑）。

『アサヒグラフ』という週刊誌に「マンガ学校」という投稿マンガのコーナーがあって、よく投稿していました。こちらは、4～5年出し続けて、採用されたのはたったの1回でしたが……。

また、NHKの「日曜娯楽版」というラジオ番組でコントのアイデアを募集していたけれど、なかなか僕のは採用されなかった。そこの常連が故・永六輔氏だった。東京に出てきてから、サンケイホールへ鈴木章治のリサイタルだったかな、聴きに行ったことがあってね。そこに、ペギー葉山がゲストで出ていた。彼女が歌ったら、その永さんが花束をもって、本当は鈴木さんに渡すべきところをペギーさんに渡してしまってね。

——よくそんなことまで覚えていらっしゃいますね（笑）。なるほど、先生は投稿マンガの常連だったのですね。

範茂先生が尊敬するイラストレーターというか、画家・漫画家の方はいらっしゃいますか？

杉浦：そうねえ、強烈な風刺精神でそのときどきの世相、社会風刺漫画を描いていた横山泰三氏かな。風刺漫画は面白いね。山藤章二さんもいいね。

――いま、行ってみたい場所はありますか？

杉浦：上高地かな？　一時期元気なときは、夏は毎年のように行っていたものです。

外国なら、アフリカだねえ。海外は韓国、アフリカに行ったことがあります。キリンの走るところを見たかったんだよね。実際に見ましたねえ。感動した。今でも見たいと思う。

アフリカでは猛獣ハンターの車に乗せてもらったのですが、実際のハンティングは見られなかったね。そうそう見られないいんじゃないかなあ。

——キリンの走るところ、ですか？　なるほど、確かに日本では見られないですね。野生のキリンは、相当ダイナミックに荒野を走るんでしょうねえ。映像が浮かびます。

杉浦：僕は、動物が好きなんです。動物を描くことが多いでしょ。動物全般が好きですが、特に猫を描くことが多いですね。猫は自分をもっているから面白いですよね。犬より僕は猫派だねえ。

——そうでしょう、そうでしょう。先生の描かれた「ルドルフとイッパイアッテナ」シリーズ、私も大ファンです。笑いあり、涙ありの主人公の黒猫ルドルフと野良猫であるボス猫、イッパイアッテナの友情物語。ジーンときます。

今からざっと35年も前に出版された斎藤洋先生のデビュー作ですが、未だに新しいファンを獲得し続けていますね。範茂先生の描かれる猫は、現実にいるんじゃないかというくらいリアル感があって素敵です。特に目力が半端ない！

ところで、これから先生に続く若い人たちへのメッセージはありますか？　先生の座右の銘も教えてください。

杉浦：そうねえ、今の若い人たちは、優秀な人が多くて、こちらが刺激を受けています。これからもどんどん新境地を開いていってもらいたいですね。

僕の好きな言葉は、「人間万事塞翁が馬」です。長い人生では楽しいことや嬉しいこともあれば、つらいことや悲しいこともある。何が幸福で何が不幸かは直ぐに決まるものではなく、嬉しいときには自己を律し、悲しいときには将来必ず幸せが訪れるものと信じて、明るく生きることが大事。これを肝に銘じて生きてきましたね。

――なるほど。では、先生が心から愛するものって何でしょう。

杉浦：それは、家族ですよ。僕は、杉浦家5男1女の末っ子で、父は愛知県の挙母（ころも）（今の豊田市。当時、猿投（さなげ））という田舎の郵便局長でした。すぐ上の兄（2つ違い）だけ存命しています。うちのきょうだいは、父の考えで、養子に出されたんだよね。小さい頃は、自宅が郵便局の局舎だったので、常に父が家にいた。

それがうっとうしくて、小学校の頃、父のことは嫌いだったですね。が、僕が東京藝大に入って、ときどき帰郷するようになったら、ボツボツ話すようになったね。まさか自分の子どもが、イラストやらデザインやら、そんな仕事をやるなんて、思ってもいなかったでしょうね。

いま、僕には、妻と二人の息子、そして一人の高校生の孫がいます。かわいくて仕方ないですね。僕の宝物です。

——これからも長生きして、デザイナーとして、イラストレーターとして、生涯現役でご活躍されることをお祈りしております。

範茂先生のお茶目な所作を見ながら、終始和やかな時間が過ぎていった。今から40年以上も前に出版された『サンタクロースってほんとにいるの？』（てるおかいつこ＝文　すぎうらはんも＝絵　1982年　福音館書店）について、次にご登場いただく経済学者の暉峻淑子（てるおかいつこ）先生への取材が控え

ていることを伝えると、「あれは、いい本だよね。暉峻先生はまだ僕のことを覚えているかなあ？　忘れちゃったんじゃないの？」と……。

さて、どうでしょう？　どこまでも真摯で、ユーモアもあって、楽しい先生、いつまでもお元気でご活躍を。

杉浦範茂（すぎうら　はんも）／1931（昭和6）年9月17日、愛知県生まれ。イラストレーター、デザイナー。1958年東京藝術大学美術学部図案科卒業。グラフィック・デザインで日宣美展奨励賞、準朝日広告賞、毎日広告総理大臣賞などを受賞する一方、児童図書のイラストレーションでも、個性的な作風で作品を多数発表。絵本に『ふるやのもり』（小学館絵画賞）、『あいうえおうさま』（絵本にっぽん賞）、『まつげの海のひこうせん』（絵本にっぽん賞・ボローニャ国際児童図書展グラフィック賞）、『スプーンぼしとおっぱいぼし』（日本絵本賞）など。そのほか、芸術選奨文部大臣新人賞、紫綬褒章など国内外で多数の賞を受賞。

Teruoka Itsuko

自分に関係のない出来事なんてこの世には何もない。そのうちのどれを選んで自分のアイデンティティとするか。

暉峻淑子

（経済学者）

2023年2月20日　暉峻先生ご自宅にて

日本を代表する経済学者である暉峻先生にお会いするにあたって、先生のご著書を熟読し、勉強をしてきたつもりだが、いささか緊張を禁じ得ない訪問だった。それは、私のどこかに、日本経済に関する知識が十分ではないという苦手意識のあったせいか、と思う。

が、出迎えてくださった先生は、お着物をアレンジした手作りの洋服で颯爽と現れ、終始笑顔でインタビューに応じてくださり、なんと気がつけば4時間も話し込んでいた。リビングの隅には所狭しと、シクラメンの鉢がずらり。聞けば、先日迎えられた95歳のお誕生日のお祝いにいただいたものだとか……。

――先生、本日はよろしくお願い致します。いま、私は63歳ですが、サラリーマンとして約40年間、企業に勤め、ひとつ大きな役割を終えたと自負しています。が、自分への挑戦はまだまだ道半ばで、私は私なりに、私なりの方法で、社会に貢献できることがあるのではないかと考えています。

私のまわりには、男性も女性も会社を辞めた後、どうやって生きていくのか、という点において、狼狽している人たちが少なからずいます。自分を見つめて、何ができるか考え、もっともっと前向きに生きていけたらいいのにな……などと思うのです。そのヒントをいただきたくて、ここに来ています。これからの30年をどう生きていくか……。

暉峻：そうですね。私も95歳！「お財布に1000円があれば事足りし遠き日を想う永く生きたり」という詠み人知らずの短歌が心にしみます。ここのところインフレがすごいのでなおさらかも——。戦前戦後、激動の時代を95年も生きてきて、何か社会に役立つことをしてきたのかと自分の人生を振り返っています。ドイツで女性の教師に出会ったとき「あなたの教育の目的は何ですか？」と聞いてみました。彼女はごく自然に「子どもたちが自分の価値にめざめることです」と言ったのを思い出します。親から長生きの遺伝子をもらったことを感謝して、私も自分のアイデンティティ（独自性とか存在証明とか訳されます）の成就に向けて、これからも好きな道を生きていきたいと思っています。

私が今も昔も一番考えていることは、個人としての人間と個人が集まって作っている社会との関係です。学問的な領域では、それが私のアイデンティティだったのかな。「核のゴミ捨て場がない」「人間は万全ではないから原発の事故は再び起こりうる」ということがわかっていながら、なぜ人間は目先のことに振り回されて原発再稼働をするのか。核の武器の時代に戦争の勝者はないのに、なぜ戦争をひき起こすのか……個人と社会の関係をいつも考えては答えが見つからない。でも、静岡県が長年かけて調査したコホート調査では、社会との関係意識が強い人は普通の人よりも50％も長生きすると公表しているから、自分の世界にこもっているよりも、いいのかもしれないですね。

明るく生きるためには、自分が退職してひとりの市民に戻ったときに、社会の問題や自分の生き方についてまわりの人々と話せる場が必要だと思いますね。

私は、14年前から「対話的研究会」というコミュニティの集まりに休まず出ているのですが、その会にはいろんな人が入っていましてね。ジャーナリスト、介護保険のヘルパーさん、ナチュラリスト、障害者施設の先生、議員さん、太極拳の師範、図書館の司書、大学教授、退職者、主婦、保育士……等々。様々な人の集まりなの。現在まで140回、毎度メンバーが交替で講師になる仕組みです。その中には、定年を迎えた方もいて、公務員として働き続けて人格がだめになった、個性を殺されたとか、会社人間になって生活者の感覚を失った、などと残念がる人もいます。でも今は長寿社会で、働いていた年月と退職後の年月は同じくらいになりました。本当は自分が何をしたかったのか、ゆっくり考えて、それからでも自分が本当にやりたかったことをやればいい。そうやって、あらゆる人ととことん話す場があるってとても素晴らしいことだと思います。それこそ時事問題なんて話し出したら、貸し布団を借りて、朝まで話さなきゃいけないくらいよ（笑）。

私は、自分自身のキャリアを振り返ると、子どもの頃も青年期も大学で教えていたときも、ふしぎに「長」と名がつくものになりたいと思ったことは一度もないのです。自分の人生にとって、今やっていることが自分の人格の成長にどんな意味があるかということだけに関心がありました。埼玉大学の在職中も自分の研究と教員としての成長に役立つと思ったときは、ベルリン自由大学、ウィーン大学で客員教授を務めたりしてきましたが、これまでのキャリアに後悔は全くないですね。埼玉大学には、こんな未熟な私を活かしてくださったという感謝だけです。

――ドイツでのお話をうかがいたいです。私も20代の頃、ドイツで1年半勉強していましたが、異文化の中に入って自分を見つめ直すというのは、その後のキャリアにとっても有意義なことだったと思っています。

暉峻：今から30年ほど前のドイツですね。その頃は、私がちょうどベルリンの大学で客員教授をしていた頃です。当時のドイツ人が日本人をどう捉えていたか……、戦争責任のことなど、けっこうシビアに見ていましたね。日本人が15年戦争でアジアに与えた侵害への反省が足りない。ドイツに留学する日本の大学生が当時のことをほとんど知らないことに驚いていました。日本人は過労死するほど働いて、モノをたくさん買えばそれで満足なのかとふしぎがられてもいました。日本人は社会に出て自分さえ出世すれば、社会のことはどうでもいいのかと聞かれたこともあります。

いま日本から海外へ出ていく女性が多いでしょ。技術をもっている人たちのなかには、日本を見限って海外に出る人も増えている。人間ってけっこう共通性も多いんですよ。本当に「こういう生き方をしたい」と思って自分に忠実に、真剣に生きていると、どこに暮らしていてもいい仲間にめぐり会えます。人間として自立するためには、まず生活をしっかりすることが大事ではないかしら。生活が崩れていたら判断力もこわれる。子どもがいれば、子ども時代は一度きりの、あとでとり返せない大事な時期だから、子どもとの時間を大切にする。大地に足をつけて生きていくことが大事なのだと思います。

――ドイツでのご経験を、もう少しお聞かせください。

暉峻：自分に対して、自分を客観的に鏡に映して生きていることとの大切さをドイツで学びました。日本人は自分を客観的に見ることが不得意だと思います。

他人と比較したり、外からの評価を気にして、本当の自分と向き合えない。国際的に自己肯定感が最も低いと言われています。けんそんすることと、客観的に自分を見ることとは違うと思います。埼玉大学、ベルリン自由大学、そしてウィーン大学で教えている間も、私は日本にいるときよりずっと幸せだった。自分と向き合って自分に悔いのない生き方をしていることと社会との間に何の矛盾もなかったので、気疲れすることがなかったのだと思います。私は日本にいるときは、いつも少数意見のグループの一員でした。でも、ドイツに来たら多数意見の一人になり、「なんだ、私は正しかったんだ」と思いましたね。

外国で暮らしていて、二度、胸を突かれることがありました。国境なき医師団に招かれてパリに行ったとき、「日本の医師は病人をみたとき、これは○○ではないか、と連想する範囲がとても狭い。日本の教育に、何か間違いがあるのでは」と言われました。また、インドに行って、コンピュータの専門の教授から「日本人は、もし○○だったら、という〝もし〟の範囲が月並みでとても狭い。それではＡＩの開発はできない。単一の教育のせいではないか」と言われました。その通りですね。至るところに青山あり、でした。

ドイツの大学に赴任したとき、確かにドイツ語は難しいから、ベルリン自由大学で教鞭をとっていたときは、学生たちに向かって、「我を助けよ」と言ったのです（笑）。まわりは誇り高き教授ばかりだったので、学生たちは驚いていたけれど、彼らは本当に助けてくれた。さよなら講演をする際は、立ち見が出て、会場に入れないほどだったの。学生たちは率直で、「プロフェッサー・テルオカの欠点は、接続詞がきっちりしていないこと。俳句みたいだ」なんて言われたものです。よく考えてみると、「しかし」なのか「それにもかかわらず」なのか「その結果」なのか、論理がきちんと通っていないと接続詞があいまいになる。思考があいまいな証拠です。いまも肝に銘じています。

ウィーン大学とベルリン自由大学は、北と南で正反対の大学なのに、同じドイツ語圏でも専門的に似ているところと、歴史と文化の違いというか、学生たちの生き方に哲学的に違うところがあって、なんでも流行になびいてしまう東京中心の日本とは違う、アイデンティティのしたたかさを感じました。

その後、私はＮＧＯ国際市民ネットワーク代表として、難民支援にかかわるようになるのですが、それも人権に敏感なドイツの学生たちの影響を受けています。バルカン半島の民族紛争を逃れてきた難民の幼い子どもたちが目の前で死ぬのを何度も見ました。私の息子が幼いとき、くしゃみや咳をするだけでも医者にみてもらえたのに、難民の子どもたちはなぜこんなに苦しんで短い一生を終わらなければならないのか。ベオグラードで難民の孤児院の子どもを全員、専門学校や大学を出て就職するまで20年間、支援し続けました。それぞれの子どもの一生を思い出すと、戦争は絶対に起こしてはいけないと、何度でも叫びたいです。国民を戦争に引きずり込む首相や政治家は、どんな理屈をつけても絶対に許せない。

——素晴らしいですね。いま、私は難民の問題や無国籍について、子どもたちに伝えたいと、絵本の制作に取り組んでいます。子どもたちには難しすぎる題材だと言われたこともありましたが、読み聞かせのイベントでは、小学校低学年の子どもたちも、しっかり理解しようとしてくれたと感じています。

暉峻：大人とちがい、子どもは、新鮮な感覚で物事を理解する力がありますね。

そこには「対話」が大きな役割を果たしていると思います。子どもを見ているとわかるのですが、人間には生得的に備わっている驚くべき力があります。コップ1個とバナナ1本を「1」という概念でくくることができる。すみれと菊を「花」という概念でくくることができる。教えられたことも行ったこともないのに、親が中国の話をしていると「じゃあ、オーストラリアは?」なんて、話に割り込んでくる。人間が豊かで複雑な言語をもっているのは、概念でくくることができるからだと言われます。子どもに教えられて、私は概念というものがなぜ人間にはあるのかと考えるようになりました。そういう能力を人間はなぜ先天的に与えられているのか……。もし「人間」という概念でくくるなら、黒人も白人も障害者もすべて、人は平等に「人権」をもつ存在だということになりますね。その人権にとって平和ほど大事なものはないでしょう。それならば私たちは、戦争でなく平和を生きる人間としてつながり合うのが当たり前ですね。

——先生は、言語学にも文学にも興味をおもちですが、経済学博士になられました。

なぜ経済学だったのでしょう。

暉峻:私は、幼い頃から、物事の本質に触れるところまでとことん掘り下げるくせがありました。父親は自然科学者だったから、そのせいかもしれません。まだ学生だった頃、物理学も大好きでした。あらゆることをもっともっと突き詰めたい、社会科学の立場で言うと、経済が人間社会を動かしているのです。経済活動はほかの動物にはない人間の属性です。ならば経済学をやろうと決めました。私は自分に関係のない出来事なんてこの世には何もないと思っています。そのうちのどれを選んで自分のアイデンティティとするかなのでしょう。

——先生は、根っからの経済学者なのですね。今度生まれ変わっても、やはり経済学者になられるのでしょうか?

暉峻:そうですね、私は幼い頃、本当は文学少女でした。詩や和歌や文学作品など、すぐ覚える子だったの。ギリシャの詩人サッフォーの詩や上田敏詩集なんか今も覚えています。でも私の中には、成長するにつけ、次第に社会性が芽生えていったと思います。軍国主義の時代を経て、日本にも人権の思想、民主主義が表に出てきました。戦争が正しいと思っていたところに、戦争で負けて、昨日まで正しかったことが正しくないって社会が変わっていくとき、社会とは、人間とは、と自分の頭で考えなきゃいけなくなったのですよ。戦争で日本人は貧困のどん底を経験したと思います。経済は社会を動かしている動力だということがひしひしとわかりました。

経済学は人間の本性にかかわる学問ですね。老人も病人も子どももみんなが生きていける社会にするには、それなりの生産力が必要です。福祉社会を作っていくはずの経済力が暴走して破壊に結びつかないようにコントロールしていくのも、経済学の役割のひとつです。もっと豊かになりたいという人間の本性と経済学は結びついているのです。

すべての学問は共有財産で、資本主義は社会主義が出てきたから生き延びてこられたのです。資本主義国が社会主義国から学んだのは、社会保障制度や社会資本という、社会主義の考え方からでした。

――なるほど、経済についてもっとしっかり勉強しなくては……。

さて、先生が出版された絵本『サンタクロースってほんとにいるの？』についてお話しさせてください。先生が出版された唯一の絵本。そして、今もロングセラーとしてよく売れている。なぜ続けてお書きにならなかったのですか？

暉峻：子どもにとって本はバイブルだと思う。『サンタクロースってほんとにいるの？』、こういう本が生き残ってくれて大人と子どもの読者に読んでもらえていることに、ただただ感謝しています。出版したとき、大人になって思い出してくれる絵本を書きたいと思ったのです。そして、そういう本は一冊でいい。恋人ってひとりでしょ。唯一のものなので、私にはそのほかのものは書けません。

この絵本を作るのに3年かかりました。絵を描いてくれた杉浦範茂先生とも絵の画面のことで何回も話し合ったし、編集担当のM氏とも、サンタクロースは「いるだろ？」「いるとも」のどちらの言葉を選んだらよいかでけんかになった。彼は、贈り物がもらえない子もいるから、「いるとも」と言い切るのはきつすぎる、と言うのよね。

それでもまた、とことん考えました。「うちには来なかったよ」と言う子に対して何と答えたらいいか。悩んで、言葉が自然に出てくるまで待ってほしい、と編集の人にたのみました。そうして、「病気の子のそばで朝まで話しこんでしまって、まわりきれなくなったのかなあ」という答えにしたのです。

絵本は言葉が少ししかないから、ぎりぎりのところまで削ります。削ることで「これだけは」という言葉が残ります。3年もかかってしまったけれど、絵本ができたとき、専門の本が出版されたときよりも、もっと嬉しかったですね。

――そうだったのですね。私はこの絵本の下方に流れていく家族の風景、サブストーリーが魅力的だと思いました。私自身も、サンタクロースは「いる」派だったのですが、うすうす両親がプレゼントを買ってきてくれているのだとわかっていても、親子でサンタが来てくれてよかったね……と言い合っていました。先日の新聞記事にあった「サンタの心は誰にでも」（朝日新聞　2022年12月18日付）の見出しは言い得て妙でしたね。

暉峻：子どもの本は子どもの心の底に眠っていて、大人になって思い出す、というのがいいですね。

私には二人の息子がいますが、子どもから学んだことってたくさんありますね。長男が3歳のクリスマスの日。長男は、真夜中に籐椅子の上にきちんと座ってサンタを待っているのです。彼は、その頃、色や形がとりどりの積み木をサンタクロースにたのんでいました。真夜中は寒いので、「ママがかわりに待っていて、サンタが来たら起こしてあげるから」と言って、息子に寝てもらったのです。

翌朝、枕元に積み木がたくさんつまった箱が置いてありました。彼は目が覚めて、積み木が来たことに大喜び。しばらくそれで遊んだあと、でも、私たち両親の枕元には何もない。そこで、彼は一本だけ積み木を出して、あとは箱ごと私たちの枕元に置きに来たのです。「僕がサンタにたのんだのは一本だけだったの。あとはママのところに来たんだよ」と言って私をなぐさめてくれた。それがずっと忘れられないのです。子どもは知らない人からも愛されていることで、人を愛することを知るのだな……とわかった瞬間でした。

　次男は、とても感受性の強い子で、たとえば、ビスケットの入った缶をいただいて、それを開けたとき、一枚だけ割れているのがあると泣き出してしまう。そこでふたをして、「あなたが悲しくなくなるまでこうしておこうね」と言って、見えるところに置いておくことにしました。何日かたって、「もう悲しくない」と言うまで待ちました。ソフトクリームが溶けただけでも泣き出したりしてね。でもユーモアもあって、私たち夫婦がけんかをしていると、昔はカセットの録音機があったのだけれど、それをもってきて、こっそりとそばに置くのです。それで言い争いをやめましたね（笑）。

　子どもは宝ですね。二人の天使のような寝顔を見ていると、毎日叱ったことを反省していました。反抗期には、あの小さいときの寝顔を思い出して相殺しました。

　子どもはただかわいいだけじゃない、いろんな事件が起こったりするけれど、親が悲しみも喜びも抱えて生きている後ろ姿を見せることが大事なのだと思います。そして、どんなときにも親はあなたの味方だと子どもに思っていてもらうことが大事なのではないかと。

──確かに、私にも息子が一人いますが、自分は「親になった」というより、あらゆる子育て体験をすることで、「親にならせてもらった」という感じでした。親になることで成長できたことが多々あります。

暉峻:ただ、私は子どもが好きですが、誤解されないように弁解しておきたいのは、子どもがいない人に対して子どもをもつべきだとは思っていません。子どもをもてば楽しいし、人生を二度生きられると思うけれど、なければまたほかの楽しみや価値があるから、それはそれでいいと思います。LGBTを批判する気持ちもありません。人間はそれぞれにある運命をもって生きている気がしています。ただ、これだけは言っておきたいのは、非正規労働者であるために、生活計画が立たず、結婚も子どもをもつこともあきらめている若者が多いことです。それは政治の責任であり、社会の責任だから、そういう若者と話しているとと悲しい気持ちになります。

――そうですね。それこそ政治、社会の問題として捉えるべきですね。ところで、先生はセミナー、研究会などの合間に、また、ご自宅でもピアノを弾いておられると聞きました。ご趣味なのですね。

暉峻：はい、ピアノをやっていてよかったことは、経済学ばかりやっていると、感受性が枯れてくる気がするのね。小さな繊細さを大切にしなくなる。ピアノって音が勝負でしょ。悲しい音、楽しい音、和音の中でも3つの音を一緒に弾いて、どの音を一番生かしたらいいかなどと考えながら弾く。次の瞬間はこの音が主人公という、何分の一秒の出だしで変わる。そういうことを失わないようにしたい。

それで、ピアノは一生涯先生について習っています。東京藝大を出て、ドイツでも勉強をなさった方で、今は音楽大学でピアノを教えながら演奏活動も続けている先生と気が合って、その曲は作曲家が何を表現したかったのか、同じ人間である作曲家の人生観や時代を想像しながら、先生と話し合って弾いています。ピアノを弾いていることでなぐさめられたり、行き場のない感情をぶつけたり、人生の伴侶ですね。

プロの室井摩耶子さんは、姉の同級生。人生を貫いている人だと尊敬しています。

――はい、この本に世界で活躍するピアニスト、室井摩耶子先生にも登場していただいています。それにしても、先生のそのバイタリティはどこから……と考えてしまいます。これからの目標をお聞かせ願えますか？

暉峻：寿命って自然が与えてくれるものでしょ。「病気」もあるとき何の理由もなく与えられるもの。人生には自分の意志がはたらかないものもある。それを引き受けなきゃならなくなったとき、そのとき慌てないで受けとめたい。だから今は思い切り、与えられた健康に感謝して、やりたいことを精一杯やっています。

私は少し前、突然に、自覚症状が何もないのに病気が発見されて、大きな手術をしていただいたことがあるのです。私は4人家族で、3人は男。女は私一人なので、家事も男3人の世話も引き受けさせられてきました。大学でも学生の世話をする役割で、それが私の役まわりだと思っていました。それが病気をして、私はすべて受け身で世話をしてもらう立場になった。医師も家族も一生懸命に私を助けてくれようとしているのがわかり、守られている幸せをつくづく感じました。90代半ばの老人の大手術を引き受けてくれた医師の大きな苦労も、看護師の助けも——。そしてこれまで、本当は、守られていたのだと気がついたのです。

ある仏教者が「仏教は敗ける哲学だ」と言ったことがふと思い出されたの。病気という敗けることで見つけるものがあります。スポーツの選手が「敗けたくやしさをバネにして」なんて言うけれど、「なんでくやしいの?」と思います。敗けていろんなことがわかるなんて、「得じゃない?」（経済学者なのでつい損得が）って思うんですけれどね。私はあっというまに快復して、「やっぱり魔女テルオカだね」と言われたり。ただ感謝でいっぱいです。私も人のためにつくすことでお返しをしたいと思っています。

――常に一生懸命、真摯に生きておられる先生らしいお答えですね。

暉峻：私は、平均年齢よりかなりいっているのに、「こんなに素敵な夕焼けをずっと見ていたい」「死ぬと見られなくなるのが残念」などと思っています。おおいに未練がましい人間です。でも、生き方と死に方は続いているのではないかしら。身体がこうしてくれっていうことを忠実にやって、身体の自然に命令されるままに生きてきました。

私の母は『婦人之友』の愛読者だったの。母は着るものも食べるものも完璧に自分でやっていた。料理も上手で、家族はバランスのよい食事ができていました。何か見るとこういうものを作れるんじゃない？って思う。作る楽しさを教えてくれたのも母でした。私は味噌だって自分で作るんですよ。「手前みそ」って言うでしょ。

――ああ、先生、ぜひ「手前みそ」の作り方、教えてくださいね。

暉峻：人間が生きられる限界は、医者たちはほぼ115歳なんて言っていますよ。願わくは健康寿命をできるだけ長く、と思います。そのためには自分に刺激を与えていないとだめ。本を書くのも、ピアノを弾くのも、お味噌作りも、脳の刺激になりますよ。

私は編み物も好きなので、外に出て音がうるさいところでは一人黙々とやっているの。編み物は無心になってやれますね。楽しいこととやる気が出ることは脳の栄養になるので、やる気の出ることをたのまれるのは大歓迎です。また、最寄りの駅までが1キロメートルなので、ときどき小走りしたりして、行って帰ってきて2キロ。ちょうどよい塩梅なのです。走るのはやめなさいと医者に言われていますけれどね（笑）。

――最後に、先生の書かれたベストセラー『豊かさとは何か』（1989年　岩波書店）、初版から30数年経ったいま、世の中も大きく変化を遂げてきたからこそ、これを再読し、もう一度真の豊かさとは何かを突き詰めて考えてみたくなりました。

暉峻：日本人はいつからカネとモノがあればそれで満足と思うようになったのでしょう。ある学者が日本人は「便利と安楽を求める全体主義」と言ったけれど、カネとモノは自分自身が「こういうふうに生きたい」という人生の目的の「手段」であって、目的ではないはず。子どもたちに美しい自然を残し、国債の負債を残さず、生きがいのある社会を残すことに喜びはないのかしら、と思います。

暉峻家を後にしてしばし茫然とし、濃密な時間の余韻に浸っていた。暉峻先生の言葉の一つひとつが重く、その中に感じた「リベラルな」そして「ラディカルな」考え方や生き様こそ、生涯現役を貫くためのエネルギー源であると気づいた。

自分に関係のない出来事なんてこの世には何もない。
そのうちのどれを選んで自分のアイデンティティとするか。

暉峻淑子（てるおか いつこ）／1928（昭和3）年2月5日、大阪府生まれ。経済学者。日本女子大学文学部卒業。法政大学大学院社会科学研究科経済学専攻博士課程修了。経済学博士。埼玉大学教授、日本女子大学教授、ベルリン自由大学、ウィーン大学の客員教授などを経て、埼玉大学名誉教授。NGO／NPO法人国際市民ネットワーク代表。著書に『サンタクロースを探し求めて』（岩波書店）、『豊かさとは何か』『豊かさの条件』『社会人の生き方』『対話する社会へ』（以上、岩波新書）、『ほんとうの豊かさとは——生活者の社会へ』『格差社会をこえて』（以上、岩波ブックレット）、『サンタクロースってほんとにいるの？』（福音館書店）など。

Watanabe Sadao

自分の音を納得できるまで突き詰めていきたい。楽なものって面白くない。好きなことをやっているから夢中になれる。

渡辺貞夫

（サックス奏者）

２０２３年３月20日　渋谷ＪＶＣケンウッド・ビクターエンタテインメントにて

渋谷駅近くのレコード会社の最上階会議室にて、渡辺貞夫さん、ジャズ界の神様、世界のナベサダさんを待つこと10分。分刻みで取材が入っている様子。なかなかの緊張感。

会議室にて彼と対面した瞬間から、その緊張感は、スーッと消失。終始温かいまなざしと笑顔。世界的にヒットした「カリフォルニア・シャワー」のメロディーラインが脳裏に心地よいＢＧＭのようによみがえってくる。彼の口からは、まっすぐに届く情熱的な言葉があふれ、音楽の世界に引きずり込まれるような幸福感に浸りながら話を聞いた。

――アルト・サックス・プレーヤー、フルート奏者、作曲家として音楽活動を続けてこられて72年め。現役でコンサートを続けておられるその原動力はどこにあるのでしょうか。

自分の音を納得できるまで突き詰めていきたい。楽なものって面白くない。
好きなことをやっているから夢中になれる。

渡辺：僕は、好きなことをやっているわけですから、長続きするのでしょうね。

自分の音楽を伝えるために毎日音を磨いています。自分の音を納得いくまで突き詰めていきたいのです。楽なものって面白くないじゃないですか。ステージをやるということは、否応なしにすべてをさらけ出すことになりますから、自分のコンディションは常にスタンバイしています。格好よく演奏したいですから。

そのためには、日々の練習は欠かさないようにしています。いいコンディションで楽器が吹けるように口のまわりの筋肉を鍛えたり、体のコンディションを整えるために、近くの公園までウォーキングして、雲梯にぶら下がったり、スクワットをしたりしていますよ。あと、塩分控えめの食事とか。おかげさまで、とても元気で、再来年までコンサートのスケジュールが入っています。

今日まで、こんなふうに僕が現役をやってこられたのは、ジャズピアニストの秋吉敏子さんや守安祥太郎さん、渡米した際、お世話になったゲイリー・マクファーランド（ヴィブラフォン奏者・作編曲家）ほか、多くの方々のおかげだと思っています。

これまでの年月には親しい人や音楽仲間との別れなど、つらい経験もたくさんありました。けれど、そんなつらく悲しい時間は、新たな出会いが埋めてくれました。今まで出会った数多くのミュージシャンをはじめ、みなさんの支えがあって、今の僕があります。

――特に影響を受けられた音楽家とのエピソードなど、お聞かせください。

渡辺：そうですね。奏者としては、チャーリー・マリアーノ（サックス奏者。秋吉敏子さんの最初の配偶者）。真摯に音楽に向き合う姿、演奏のエモーションには感銘を受けました。

また、ビバップ（1940年代に成立したジャズの一形態。スウィング・ジャズの終焉後に発生したモダン・ジャズのスタイル。各奏者の即興演奏を重視した）一辺倒だった僕に、ボサノバなどのほかの音楽にも目を向けさせてくれたのが、ゲイリー・マクファーランドでした。ゲイリーのミュージシャンシップと、一緒にやっていたギタリストのガボール・サボの影響はとても大きく、彼らのおかげで歌を書くようにもなったんです。

忘れてはならないのが秋吉敏子さん。彼女は、今とは比べ物にならないくらい海外が遠かった時代に、単身米国に渡り、道を切り開いてくださった。そしてフルートの先生、林りり子さん。ずっと独学、自己流でやってきた僕にクラシックの基礎を教えてくれました。

——1950年代、守安祥太郎氏は、モダン・ジャズ（ビバップ）というジャンルにいち早く取り組んで、その斬新さにみなが目をみはったとか。モダン・ジャズを創生したアルト・サックスの名プレーヤー、チャーリー・パーカー氏の超絶演奏を正確に採譜し、先生を驚かせたというエピソードが残っていますね。

渡辺：そう。僕らは、チャーリー・パーカーのフレーズをコピーして、勉強したものです。演奏スタイルが革新的だったんです。斬新で格好よかったんです。テナー奏者のハル・スタイン（朝鮮戦争に行ってしまったため2回しかレッスンしてもらえなかった）がパーカーのフレーズを書いてくれました。格好よさを譜面に残してくれたのです。

――そして、18歳で上京されてからは、ジャズピアニスト・秋吉敏子氏のコージー・カルテットをはじめ、数々のバンドへの参加、ボストンのバークリー音楽院への留学を経て、日本を代表するトップミュージシャンになられ、今も世界の檜舞台で大活躍されておられる……。

渡辺：渡米してバークリー音楽院に留学したのは、1962年、29歳のときでした。結婚して子どももいたけれど、ミッコは快く送り出してくれました。

――ミッコ？　奥様の貢子（当時は光子、後に改名）さんですね。残念ながら2010年に他界されました。

渡辺：彼女は人形町生まれのちゃきちゃきの江戸っ子で、気っぷのよさが何より魅力的でしたね。僕の帰国後、ジャズ理論を週に3日、20人ずつ自宅で教えていましたが、彼女は持ち前の明るさで、みんなを世話してくれました。
その後も、僕がアメリカに行って仕事をしていると、ミッコは全く予期せず、ふらりと現れたりしました。約束も何もしていないから、こちらはびっくりするんだよね。

――先生のプロデュースで世界中の子どもたちが集まって、国境や文化の壁を超えた歌とリズムの共演をされた、2005年の愛知万博（「愛・地球博」）は未だに語り草になっています。

渡辺：長年の夢だったんです。77年に、リオのカーニバルを見てこれだ！と思いました。このリズムなら日本の子どもたちにもできるかなと思って、太鼓を60個買って始めました。その思いを『週刊新潮』の「掲示板」コーナーに書いたのがきっかけで、たまたまＮＨＫのディレクターがそれを読んで、１９９５年に栃木県で開催することになったのが国民文化祭。そして２００５年の愛知万博で、日本パビリオンのディレクターとしてかかわることになりました。

五大陸の各国から大勢の子どもたちを招きたかったのですが、予算の関係で各国から15人ずつを招聘し、日本の子どもたちの歌と一緒に計400人のリズムの共演を実現させました。これが好評を得たんですよ。

2008年のスペイン・サラゴサ国際博覧会でも、4か国の子どもたちによるコンサートを開くことができました。リズムで世界の子どもたちをつなぐ……、僕自身、思いついた当初は夢物語だなあと思ったんだけど、粘り強く積み重ねることで、実現にこぎつけ、継続することができました。

参加した彼らが、世界の中の自分を意識し、世界に向かって羽ばたいてくれればいいなと願っています。


――日本でも、地元の子どもたちを指導しておられましたね。

渡辺：ええ、子どもたちが歌を歌って元気でいてくれること、こんなに嬉しいことはないですね。僕の故郷、地元の栃木県の小学校校歌も、5、6校は作っていますよ。

以前は、1996年から月1回の割合で、地元の子どもたちの打楽器チーム「エスコーラ ジャフロ」を結成して活動をしていましたが、コロナ禍で、交流ができていないですね（ジャフロの活動に関しては、現在OBが中心となっている）。

リオのカーニバルのような楽しい心弾む音楽活動をしたかったんです。コロナが落ち着いてステージが続けられたらいいね。

――そもそも、先生の音楽は、ボサノバからクラシックまでジャズの枠にはまらない独自のスタイルで聴衆を魅了していますが、ご自身はアフリカが好きだとうかがいました。

渡辺：ジャズのふるさとはアフリカと言われていました。

特にジャズがあるわけではないのですが、あのダイナミックな土地の広さに圧倒されました。自然が厳しくてあいまいな生き方ができない場所ですから、そこで暮らす人々も非常にストレートに生きている。その姿に感銘を受けました。

レイク・マニャラの国立公園（タンザニア、キリマンジャロの麓）で珍しい鳥を見ました。鶏よりも少し大きい鳥なんだけど、名前はわからなかった。その鳥たちが15、16羽、鳴きながら森の中に消えて行ったのですが、本当にブルースのフレーズが聞こえました。アフリカに行って、音楽的にも視野を広げることができました。

僕の核にあるのは間違いなくビパップです。でも、僕の音楽の本質はビバップではなく、雑食性にあるのだと思います。

——アフリカに最初に行かれたのはいつですか？

渡辺：アフリカは大好きです。初めて行ったのは1972年、今はすっかり変わってしまい、猥雑になってしまいましたね。

——なるほど。アフリカのよさを多くの方が語られます。行ったことがないので、ぜひ一度行ってみたいと思っています。レイク・マニャラにいる鳥のコーラス、聴いてみたいです。ところで、暇なときは何をしていらっしゃいますか?

渡辺:本をよく読んでいますね。

一時期は司馬遼太郎さんにはまっていました。『竜馬がゆく』がきっかけですが、それ以前は子母沢寛さんが好きでした。それから藤沢周平さん、池波正太郎さんなど。

藤沢さんはゴルフ友達でもある高橋三千綱さんに勧められて読み始めたんです。旅に行くときは必ず本をもっていきますし、夜寝る前にも読んでいます。

最近は長いものは読めなくなっちゃいましたね。白内障の手術をしたので、目は今でも大丈夫なのですけどね。

実は、耳についていては、20代の頃からずっと耳鳴りがあって、右耳はずっとCシャープの音が鳴っています。ですから、本当の静寂を知らないんですよ。会話をしているときは紛れているんだけど、静かになるとね……。

ピッチを合わせるときには神経を使っていますね。

――どんな少年だったのでしょう。

渡辺：父親は琵琶師（薩摩琵琶奏者）で、家庭内にときどき父の琵琶や母親の三味線が聞こえました。当時は日本の流行歌を聴いたり、戦後はFEN（極東放送）を聴いたりしていましたね。

15、16歳の頃、ベニー・グッドマン（米・クラリネット奏者）の映画にあこがれて親にクラリネットを買ってもらったものの、当時の宇都宮には教えてくれる先生もいないし、僕の通っていた小学校の入り口にある駄菓子屋のおじさんが昔クラリネットを吹いていたと聞いて、3日間かけて教わりました。

――なるほど。そこから音楽に魅入られて、上京し、18歳でその才能を秋吉敏子さんに見出され、音楽の素養はめきめきと育っていったというわけですね。

そう、皆様にお聞きしていますが、座右の銘をおうかがいしてもよいですか？

渡辺：チベットの格言「痛みの度合いは喜びの深さを知るためにある」ですね。

ダライ・ラマ法王に関する書物の中に出てきて、感銘を受けました。この格言は、過酷な環境で生きる人々からの教えのような気がします。どれほどの痛みも生きる営みの一部であり、それらの積み重ねが、命ある限り、明日へとつながっていく。「痛み」を「努力」に置き換えてもいいいんじゃないかな。

――ノーベル平和賞を受賞されたダライ・ラマ法王の素晴らしい言葉ですね。1998年に彼に謁見されたとうかがっています。言葉の重みを感じますね。今の若い人たちへ、ひとことお願いします。

渡辺：今は、環境があまりよくないですよね。情報が多すぎて選べないのか、迷っている人が多い。

音楽をやるのなら、今は選択肢が多いので、その中から自分が本当にやりたい音楽を見つけてほしいと思います。そして大事なのは、楽器の音を、どれだけ自分が納得するように出しているかということです。自分の楽器を、まずは他人に聴いてもらえる音にする。自分の音に自信がなかったら、ほかのことにも自信がもてませんからね。練習もぽつんぽつんとやるんじゃだめなんです。毎日継続的に、時間を決めて、8時間やると決めたら8時間やる。それを毎日やらないとだめです。自分なりに工夫して自分の音を探してほしいですね。

――なるほど。研鑽あるのみ、練習あるのみですね。これからおやりになりたいことは何でしょうか？

渡辺：一回一回のコンサート活動を着実にこなしていくこと、僕にとってはそれがすべてです。楽器は本来無機質なものだから、納得のいく音を出したいのです。そのためには時間が必要で、準備の時間の許す限り毎日楽器に触れて息を吹き込む。そして、自分の音だけでなく、グループとしての音を格好よくしていきたいです。

今まで世界中を旅する機会に恵まれて、色鮮やかな街を歩き、魅力的なリズムに胸を躍らせ、温かな人々と触れ合ってきたのは最高の喜びでした。

世界中どこにでも、音楽を愛する人々がいて、笑顔で迎えてくれるのが本当に嬉しかった。今後も聴衆のみなさんが待っていてくれるのが、僕の励みです。好きなことをやっているから、夢中になれるのです。これからも好きな音楽を精一杯やっていきます。

――最後に、プロフェッショナルとは？

渡辺：僕の演奏を聴衆のみなさんが楽しんでくだされば、それが生きがいだし、僕にとってのプロフェッショナルだと思います。

――わかりました。本日はありがとうございました。コンサート、観に行きますね。

洒落たファッションセンスと言葉、とにかくカッコいいという形容がぴったりのダンディな渡辺貞夫さん。老若男女、幅広いファンがいるのもうなずける。そして、そのカッコよさの裏側で、決して妥協せず、毎日楽器と接して、とことん「いい音、納得できる音」を出そうとしている……、まさに努力の人でもあった。

音楽活動70周年記念に作られた小冊子「My Dear Life Sadao Watanabe 70th」の中で、村上春樹氏が「貞夫さんは既にジャズの重要な「リジェンド」でありながら、ただの「リジェンド」に収まるまいと、いまだに熱心に闘い続けている（中略）今もこうして彼の音楽を、現在ここにある同時代の生きた音楽として聴き続けられることは、僕にとって何より嬉しいこと」と書いているが、この言葉こそ、我々すべてのナベサダファンの声を代弁してくれているように感じた。

自分の音を納得できるまで突き詰めていきたい。楽なものって面白くない。
好きなことをやっているから夢中になれる。

渡辺貞夫（わたなべ さだお）／1933（昭和8）年2月1日、栃木県宇都宮生まれ。高校卒業後に上京、秋吉敏子のコージー・カルテットをはじめ数々のバンドに参加。バークリー音楽大学への留学等を経て、日本を代表するトップミュージシャンとして、ジャズの枠に留まらない独自のスタイルで世界を舞台に活躍。2005年愛知万博では政府出展事業の総合監督を務め、音楽を通して世界平和のメッセージを提唱。国内外で精力的に演奏活動を行う生涯現役プレイヤーのその姿は、世界中の老若男女に勇気と感動を与えている。写真家としても知られ、6冊の写真集を出版。

Aoki Etsuko

これからも工夫しながら精魂込めて、家庭の「真心料理」を後世につないでいきたい。まだまだ感動をみなに伝えたいという情熱がある。

青木悦子

（郷土料理研究家）

2023年4月17日　青木クッキングスクール「四季のテーブル」にて

金沢の名所・長町武家屋敷の一角に、目指す建物が見えてきた。2階が「金澤料理」を教えるクッキングスクール、1階が「四季のテーブル」というレストランで、名前の通り、四季折々の旬の食材を使った郷土色豊かな料理を味わうことができる。入っていくと、鮮やかな黄色の服装の青木悦子先生が満面の笑顔で迎えてくださった。

料理研究家として、テレビ、ラジオ番組、新聞・雑誌などで活躍され、上戸彩主演の松竹映画『武士の献立』の料理監修もされている。私は、悦子先生の情熱が込められたご著書『金沢・加賀・能登　四季のふるさと料理』（北國新聞社）を携えて、先生の前に腰を下ろす。

先生は、ひと月ほど前に圧迫骨折され、未だ首から胸、お腹まわりのコルセットをされておられる様子。

――今日は、郷土料理の貴重なお話が聞けるのを楽しみにして参りました。お体は、もう大丈夫でいらっしゃいますか？

青木：最近、ケガをしてしまい、3週間も入院してしまって、取材に応じるのが遅くなってしまいました。ごめんなさいね。でも大丈夫です。だいぶよくなってきました。今日は、金沢へ来てくださってありがとうございます。

私のことを「加賀料理」をふるまう人とおっしゃる方もおられますが、ここ長町で、1957（昭和32）年より、クッキングスクールを開校して65年余り、真の家庭料理である金沢の「金澤料理」を残していただけるよう、今日まで頑張っています。

当時、結婚前に東京の料理学校に通って学んだ経験があったので、夫の家族が「みんなに教えて！」「えっちゃんならできるよ！」と後押ししてくれて、その気になって新しい調理器具を揃え始めたところからの出発でした。24歳の頃から今日まで、とことん勉強して後世に伝えていくという信念は今も変わりません。

――なるほど。24歳という若さで、まわりの期待を一身に背負いながら、料理研究家としての人生のスタート地点に立たれたのですね。

特に、伝統に培われた郷土料理の再現に努められ、料理本を出版、スクールで教えるかたわら、1階には、レストラン「四季のテーブル」を開店されました。

金沢の郷土料理、なかでも武家料理の流れをくむ金沢の伝統食「治部煮(じぶに)」は、鴨肉と生麩が入った濃厚な煮汁のお料理で特に有名ですが、私も大好きな一品です。

青木：はい、ぜひ召し上がってみてください。

(実際に、繊細な加賀蒔絵を施した美しいお椀に入った治部煮を、添えられたわさびをつけていただく。そのおいしいこと……。)

青木：その生麩は、「すだれ麩」と言うのですよ。私はそもそも義父母から手ほどきを受け、華やかな漆器や盛り付けも習い、おもてなしに心を砕くことに誇りのようなものを感じ、精一杯伝承してまいりました。

最近、残念ながらご家庭で作る人が減ってきたので、治部煮をご飯にのせたどんぶりの提案をしましたのよ。若い世代の方々も金沢の味を忘れないでいてくださるように工夫をしています。「治部丼」というのですが、合鹿椀（ごうろくわん）という手塗りのお椀に治部煮をのせると立派なご馳走になるのです。「治部煮」は食べて味わうと同時に、目で愛でる、伝統が息づいています。

——「治部煮」の名称の由来には諸説あるようですが、江戸初期の書物に「じぶじぶ」という煮る音からきたとあるほか、豊臣秀吉の朝鮮出兵に従軍した兵糧奉行の岡部治部右衛門の名にちなんだともいわれています。

青木：伝統が息づいているといえば、同じく「かぶら鮨」もそうですね。塩漬けした大白蕪にブリを挟み、麹と米を発酵させじっくり漬けた金沢を代表する伝統食、お正月にはなくてはならないご馳走です。「かぶら鮨」は、料理記者の岸朝子先生に、日本の食遺産第一号に認定していただきました。

このかぶら鮨を若い頃から食べてきた私は、その味を体と舌で覚えています。それを後世に、この先も長く残していきたいと強く思いました。その土地で本物を食べて暮らすことは、地に足をつけてしっかり生きることにつながっていくと思うのです。

――素晴らしいお考えです。金沢のご家庭では、師走が近づくと、寒ブリを入手して、塩漬けにして、かぶらに挟んで仕込む「かぶら鮨作り」に奔走されるのですよね。室町時代、京都の将軍家にブリを献上する際には、現代と違って塩漬けや干し魚にしてからでないと輸送できなかったと聞いたことがあります。

先生のお生まれは、福井県の三国とうかがっています。海産物が豊富な土地ですよね。

青木：そうです。鮮度のよい魚をすぐさま料理して食卓に並べるのが当たり前だと思っていました。まさか生魚を熟成させて食すなんて、驚きでしたの。この「かぶら鮨」は、金沢の人々にとって、これがないとお正月が来ないといわれるほど、大切なお料理。食文化の奥深さを知らされる思いでした。知人の料亭のご主人に指南を受け、作るうち、なんと「発酵」の魅力にどっぷりはまってしまいました（笑）。

金沢の地で、同じ材料で育てあげる「かぶら鮨」ですが、毎回同じ味には漬からないし、作り手の個性が出るのもまた粋ですよね。

寒ブリは、藩政時代にはブリ一本米一俵と言われる高級魚だったようです。そのいわれには諸説あるようですが、金沢の商人たちも、かぶにそっとブリを挟んで仕込み、「かぶら鮨」と称して寒ブリを食したらしいです。

――金沢では各家庭で漬けたかぶら鮨を、年の瀬にお世話になった家に贈答の品として届けることが年越しの行事だとか。まさに、今に続く日本ならではの伝統食なのですね。

先生は、石川全域の郷土料理の聞き取りをし、「郷土料理研究家」として、金沢に根づいている料理を再生させていかれました。まさに天賦の才ですよね。

青木：ありがとうございます。

10年ほど前、ここ「四季のテーブル」に、ほぼ毎週通って来られた一行様がいらしてね。その方々が実は、映画『武士の献立』（朝原雄三監督）の製作スタッフだったのです。映画は、北國新聞創刊120周年を記念して製作され、そちらの料理監修を致しました。古文書を開き、当時あった食材を調べ、料理を再現、京都の調理師専門学校の先生方3名を指導致しました。

映画は、加賀藩の料理人を務める舟木家に嫁いだお春とその夫である包丁侍一家の感動ドラマでした。「包丁侍」は、剣術ではなく料理で将軍家や大名家につかえる武士の呼び名で、対外的には、「饗応料理」を作って藩の威信を示す役割を果たしていたと聞いています。

――はい、2013年に公開された映画、今も記憶に新しいです。実在の包丁侍、舟木伝内・安信親子とその家族を描いたヒューマンドラマでしたね。映画のキャッチコピー「家族の歴史は、毎日の献立とともにあった」というのが秀逸でした。

ところで、先生の幼少期はどんな子どもだったのでしょう。

青木：私の生まれ育った福井県の三国町という所は、東尋坊で有名な港町でした。実家は造り酒屋だったのですが、私が生まれて3か月経った頃に父が亡くなってしまったので、お店は卸売り販売のみになってしまいました。私は4人きょうだいの末っ子ですが、3番目の姉は今年97歳で健在です。家族の支えがあったからこそ、今日まで健康でやってこられたと思っています。

（そう話している間にも、続々と外国の方がレストランに入って来る。）

――外国の方もたくさんいらっしゃるようですね。

青木：特に最近、外国人の方が増えてきていますね。レストランで召し上がっていかれて、どうしても料理のレシピを覚えたいと言われる外国の方もいらっしゃいます。先日も、イタリアの旅行会社社長がイタリアから26人の家族や観光客を連れてきてくださって、新聞の取材が入りましたの。社長様が9年前に金沢ツアーでいらしたとき、金沢の味を非常に気に入られて、金沢の魅力を広く伝えたいと、娘さんと観光客を伴っての再来訪となったわけです。

――「ほんまもん」の味に国境はない！ということですね。

さてもうひとつ、先生は、アートフラワーのスタジオも開設されていたとうかがっています。写真を見ましたが、その芸術性、息をのむ美しさでした。先生のお作りになるお料理と共通項がありますね。アートフラワーと金澤料理、二刀流ですね（笑）。

青木：そうですね。ありがとうございます。1990年、石川県で初めてスタジオを開設しました。独自の染色、形造り、古典の優雅さを融合させた作風を目指していました。

今は、自分ではアートフラワー作りはしていませんが、技術を引き継いだスタッフがやってくれています。常に色彩感覚を磨いていかないと……。料理もアートフラワーも命を吹き込む「芸術」だと思っています。

――先生の長生きの秘訣は、豊かな「食」を積み重ねてこられたおかげだとお察ししますが、たとえば、長生きの方の食卓に必ずと言っていいほど出てくる「納豆」のおいしい食べ方などはございますか？

青木：私は、納豆に南高梅とわさびを入れていただくのが好きですね。元気をもらうために梅干しは手放せません。

そうそう、この梅の漬け汁を保存しておいて、これを使ってお魚を煮てもおいしいですよ。また、水で薄めてうがいをすると、のどがすっきりします。

――そんな食べ方があったのですね。早速試してみたいです。納豆も日本の伝統食、ソウルフードだと思いますが、小さい頃から舌で覚えた母の味はとりわけ記憶に残るものですよね。

青木：そうですね。子どもの頃に、親から与えられた最高の贈り物が「食卓にならんだ食事」だと思います。母の味は、まさに口と心で食し、記憶に残っていくのではないでしょうか。

私も小さい頃は、母がとても忙しく働いていましたが、常に手作りのものを食べさせてくれた記憶があります。家が酒屋でしたから、お酒の味見は子どもの頃からしていましたの。

我が息子も中学の頃、お弁当をもたせていたのですが、お友達がいつもお弁当のおかずをのぞきに来たと自慢気に話をしていました。ちょっと嬉しい思い出です。

――真心込めて作られたお弁当は、子どもたちの心と体に深く浸透し、よい影響を与えてくれそうですね。まさに生きた「食育」かもしれません。

先生の座右の銘はございますか？

青木：はい、前を向いて歩こう、今日を感謝で生きる。そして、出会いを大切にする「一期一会」という言葉が好きですね。

それから、旬の食材をいただくときは、自然の恵みに感謝しています。

また、北大路魯山人の言葉がいつも頭の隅にあるのです。『魯山人味道』の言葉を、私なりにアレンジして、教室の入り口に掲げています。

これからも工夫しながら精魂込めて、家庭の「真心料理」を後世につないでいきたい。
まだまだ感動をみなに伝えたいという情熱がある。

家庭料理とは　人間を造り上げる料理である
真実の人生であり　見かけだけのものではない
一家の和楽団欒が　それに　かかわっているのだから
精一杯の　真心料理でなければならない
味噌汁で　あろうと
漬物で　あろうと
家庭料理は　なにもかもが　旨い

まさにそうだと思いますね。家庭料理をおろそかにしてはいけません。

ふるさとの味は、家庭にあります。親が子を思って作る心づくしの家庭料理は、子どもの心を育て、人を作っていくと信じています。子どもの頃、親から伝えられたものこそ、最高のものだと思います。身近にあるものを上手に組み合わせて、心で食べられるものがいい。

「食べてもらえたら嬉しい」「忙しい中でも作ってくれた」という双方の思い

が大切なのです。若い頃にはわからなかった、ふきのとう等の苦味も年を重ね大人になって、先人の味を受け継いで喜びを知っていくことになると思いますね。

私はこれからも工夫しながら精魂込めて、家庭の「真心料理」を後世につないでいきたいと思っています。まだまだ感動をみなに伝えたいという情熱があります。

治部煮と手作りケーキなどをいただき、温かいおもてなしを受けた。「食べることは生きること」、健康に長く生きるためには、食を大切にすること。自分にも他人にもやさしい「真心料理」こそ長寿の秘訣なのだと実感させられたひとときだった。

これからも工夫しながら精魂込めて、家庭の「真心料理」を後世につないでいきたい。
まだまだ感動をみなに伝えたいという情熱がある。

青木悦子（あおき えつこ）／1933（昭和8）年1月25日生まれ。石川県金沢市の「青木クッキングスクール」校長、郷土料理の店・金澤ごちそう「四季のテーブル」主宰。石川県料理学校協会会長、石川県食育推進委員会委員、北國新聞文化センター講師。家庭料理の質の向上を願い、早くから食育の必要を説くとともに、長年にわたり郷土料理の調査、研究に取り組む。1982年第3回金沢市文化活動賞、2006年第24回北國風雪賞受賞。2013年映画『武士の献立』の料理監修を務める。著書に『金沢・加賀・能登　四季のふるさと料理』（北國新聞社）。

エピローグ

昨年の夏、詩人の谷川俊太郎先生にお会いしたのを皮切りに、90歳以上（OVER90）の人生の鉄人たち14名と約1年をかけてお会いし、過去から現在、そして未来のお話を聞かせていただいた。印象的だったのは、どなたも90歳や100歳といった年齢をことさら意識することなく、ただ通過点として軽々と乗り越え、そして先へ先へと歩みを続けていらっしゃることだ。なんとしなやかで、したたかな生き方だろう、と私は圧倒されどおしだった。

取材を進める日々のなかで、私の最も身近なOVER90――最愛の父が93歳で他界した。奇しくもエリザベス女王ご逝去と同じ日だった。その日、私は都内で親子向けの講演会を予定しており、父の遺言通り講演を終え、帰りの道すがら、ずっと、「よくやった。がんばったね」と父に見守られている気配を感じて、涙が止まらなかった。そのとき、まだまだやれることがある、生きている意味をしっかり自覚し、この先も生きた痕跡を残したいと強く思った。

私自身の今後30年、私は彼ら、彼女らのように生きられるだろうか――。インタビューの旅の最後に、私はあまんきみこ先生（現在91歳）にお会いしたいと考えていた。私がこの先、「物書き」や「絵本作家」という仕事を続けるうえであまりにも重なるところが大きく、かえって取材の依頼を先延ばしにしていたのだ。それでも、この旅を通じて私が学び、痛感していたことが背中を押してくれた――本当に会いたい人には、すぐにでも会っておかなきゃいけない。

京都のお住まいに電話をかけると、懐かしい先生の声が耳に飛び込んできた。残念ながら正式に取材を受けてはいただけなかったが、よもやま話に花が咲き、この本の内容にも通じることをいろいろとお話しくださった。お電話でおうかがいした言葉を少し、あまん先生のご了承を得てここで紹介したい。

人生に卒業はないと思っています。自分も50代、60代が一番充実していました。若いときは朝日を見る、晩年になってからは夕日を見る、50～60代はどちらも見られるでしょ。いい仕事をして、いい時間が過ごせる。子どもの世界も体の中にあるのではないかしら。

「書く」ということについて、こんなこともおっしゃった。

本の世界はすごい。私は、本は「トビラ」だと思っているの。トビラの向こうの世界を作っていける。トビラを開けて、私の書く世界を子どもたちに見てほしいと思ったから、続けて来られた。

居住まいを正して、2Bと3Bの鉛筆と消しゴムを準備して、四百字詰め原稿用紙を机の前に広げて座ると、世界がぱあっと広がって、力が出てくるのね。その瞬間からスイッチが入る。さあやるぞ、ああ、私は幸せ……って（笑）。

最後に、本書にご登場いただいた人生の諸先輩方に敬意を払いつつ、ぜひ読者の皆様の今後の生きていく糧にしていただければこの上なく嬉しく思います。その世界の第一線で働き続け、未だ「生涯現役」で居続けるための生きる知恵が、確かにここにあると思っています。

本書出版に並々ならぬ関心を寄せてくださった晶文社の太田泰弘社長、当企画に着手してから、根気強く私を支えてくださった担当の松井智さん、装丁の鳴田小夜子さん、お世話になり、まことにありがとうございました。

何年か後、私も30歳ほど年下の世代から「100歳の生き方」をインタビューしてもらえるように頑張ります。

2023年初夏

木村美幸（きむら みゆき）

1959年三重県生まれ。老舗の保育関連図書・市販児童図書出版社の元取締役。在任中は、出版事業本部長、企画開発本部長を歴任。また、保育部門にて、月刊保育絵本の編集長を務め、更に園の先生方のための保育雑誌を創刊。東京家政大学特任講師を歴任。著書に『これだけは読んでおきたいすてきな絵本100』『発達段階×絵本』（風鳴舎）、共著に『絵本の魅力 その編集・実践・研究』（フレーベル館）など。由美村嬉々（ゆみむら きき）名義で、絵本『バスが来ましたよ』（アリス館）、『にじいろのペンダント』（大月書店）など。JPIC読書アドバイザー。絵本学会会員。絵本カタリスト®。

100歳で夢を叶える

2023年7月15日　初版

著者　木村美幸

発行者　株式会社晶文社
101-0051 東京都千代田区神田神保町1-11
電話:03-3518-4940(代表)・4942(編集)
URL:https://www.shobunsha.co.jp

印刷・製本　中央精版印刷株式会社

ISBN978-4-7949-7372-6 Printed in Japan